TERAPIA COGNITIVO COMPORTAMENTALE

LA GUIDA PRATICA PER SUPERARE L'ANSIA, IL PENSIERO NEGATIVO, LA RABBIA E MIGLIORARE LA TUA VITA QUOTIDIANA

MATTIA PONZO

INDICE

INTRODUZIONE

La terapia cognitivo-comportamentale, conosciuta anche come "CBT", è un metodo terapeutico incredibilmente noto nel campo della psicologia.

La CBT, come qualsiasi altro approccio terapeutico ha i suoi difetti, ma la buona notizia è che vengono fatti continui sviluppi per migliorare la sua efficacia generale. Ciò nonostante la CBT è uno dei migliori metodi di terapia in circolazione.

La terapia cognitivo-comportamentale ti aiuterà a trattare l'ansia, la depressione, il disturbo post-traumatico da stress, il disturbo di panico, il disturbo ossessivo-compulsivo e altro ancora.

Non dovrai più soffrire in silenzio, potrai imparare a guarire e cominciare a vivere di nuovo una vita piena.

Un importante vantaggio è che tende ad essere breve, impiegando dai cinque ai dieci mesi per la maggior parte dei problemi emotivi.

La terapia cognitivo-comportamentale è veramente

trasformativa, e con un piccolo sforzo quotidiano, puoi cambiare tutta la tua vita in meglio.

Puoi imparare a capire meglio la tua mente, superare i pensieri intrusivi, affrontare lo stress quotidiano e trasformare i tuoi schemi di pensiero negativi in qualcosa di più positivo.

CAPITOLO 1: PSICOTERAPIA

Ti sei mai sentito innaturalmente sopraffatto dai tuoi problemi, tanto da non riuscire a gestirli, figuriamoci ad affrontarli? Se è così, non sei solo.

Molte persone in Italia lottano per far fronte allo smettere di fumare, perdere peso o gestire una grave malattia. Altri ancora hanno bisogno di aiuto per l'abuso di sostanze, lo stress, la morte di una persona cara, la perdita del lavoro, problemi di relazione o altri problemi.

Spesso questi problemi possono diventare devastanti, insopportabili e persino debilitanti. Nel peggiore dei casi, possono far sì che chi ne soffre si senta incapace.

Quando una persona si sente così, è un chiaro segno di depressione, ansia o altri disturbi mentali. Negli Stati Uniti, il National Institute of Mental Health (NIMH) ha dichiarato che 1 adulto americano su 4 soffre di disturbi mentali, il più comune dei quali è la depressione e l'ansia, in un dato anno.

Cos'è la psicoterapia?

La maggior parte dei termini e delle distinzioni nel mondo della psicologia e della psichiatria si confondono nel tempo. È scoraggiante capire i molteplici significati di certe parole. È facile confondere la psicoanalisi con la psicoterapia, gli psicologi con gli psichiatri, e le molte altre terminologie correlate usate da chi cerca di trattare problemi di salute mentale o studiare la mente oggi. Per questo motivo e prima di procedere, chiariamo le definizioni di specifiche parole chiave che discuteremo nel corso del libro. Detto questo, impariamo cos'è esattamente la psicoterapia.

La psicoterapia viene applicata per trattare i disturbi mentali, come la depressione o l'ansia. Chiamata anche terapia della parola, è un modo di aiutare le persone con una grande varietà di difficoltà emotive e malattie mentali. Affronta problemi che includono difficoltà nella morte di una persona cara, malattie mediche o perdite, l'impatto di un trauma e fondamentalmente l'affrontare la vita quotidiana. Aiuta a controllare o eliminare i sintomi preoccupanti per permettere a una persona di funzionare meglio, aumentando la guarigione e il benessere. Per permettere alle persone di sviluppare abitudini più efficaci e sane, nelle sessioni di psicoterapia vengono utilizzate procedure scientificamente convalidate. Ogni sessione fornisce un ambiente di supporto e collaborazione che favorisce la relazione tra il paziente e il terapeuta.

Questo permette al paziente di parlare apertamente

con uno psicoterapeuta non giudicante, neutrale e obiettivo. E poiché un'intera sessione è basata sul dialogo, sia il paziente che lo psicoterapeuta possono lavorare insieme per identificare e infine cambiare i modelli debilitanti nel comportamento e nei pensieri.

Oltre a risolvere i problemi mentali ed emotivi, la terapia della parola può insegnare ai pazienti nuove abilità per affrontare meglio le sfide della vita quando il trattamento è finito. Questo assicura che i malati sappiano cosa fare quando problemi simili si presentano in futuro. Attraverso la psicoterapia, i pazienti vivono una vita più produttiva, più sana e più felice.

Quando si considera la psicoterapia, si può scegliere tra diversi approcci tra cui la sempre più popolare terapia cognitivo-comportamentale. Tuttavia, alcuni tipi possono funzionare meglio solo con certe questioni o problemi. Può anche essere usata in combinazione con altre terapie o farmaci.

Lo psicoterapeuta

Un certo numero di diversi tipi di professionisti della salute possono fornire la psicoterapia. Questo include infermieri psichiatrici, terapisti familiari e matrimoniali autorizzati, consulenti professionali autorizzati, assistenti sociali autorizzati, psicologi, psichiatri, e altri con formazione specializzata in psicoterapia. Tra tutti questi professionisti, tuttavia, solo gli psichiatri sono formati in medicina e sono quindi in grado di prescrivere farmaci.

È importante trovare uno psicoterapeuta con cui si

possa lavorare bene. Puoi controllare diverse fonti di riferimento tra cui i programmi di assistenza per i dipendenti sul posto di lavoro, i centri di salute della comunità, le scuole di medicina, le società psichiatriche locali, i medici di base e numerose risorse online.

Psicoterapia e farmaci

A volte, la psicoterapia è combinata con i farmaci per trattare i problemi di salute mentale. Tuttavia, ci sono circostanze in cui solo la psicoterapia è l'opzione migliore, mentre i farmaci possono essere chiaramente utili in altri. Eppure, ci sono alcuni che né la psicoterapia né i farmaci da soli sono meglio.

Per ottenere il meglio dal trattamento di psicoterapia, un sonno adeguato, un esercizio fisico regolare, una buona alimentazione e altri miglioramenti dello stile di vita sano possono essere importanti per sostenere il recupero e il benessere generale.

La psicoterapia funziona?

Secondo i dati raccolti dall'American Psychiatric Association, la psicoterapia è stata collegata a cambiamenti positivi non solo nel corpo, ma anche nel cervello. È stato anche dimostrato che migliora i comportamenti e le emozioni. Ulteriori benefici includono una maggiore soddisfazione sul lavoro, meno problemi medici, meno disabilità e meno giorni di malattia.

L'APA ha anche dichiarato che la ricerca sulla psicoterapia ha dimostrato che le persone che soffrono di alcuni problemi di salute mentale hanno sperimentato un sollievo dai sintomi dopo il trattamento. Ha permesso ai malati di funzionare meglio nella loro vita.

I ricercatori sono stati in grado di determinare gli effetti positivi della psicoterapia nei pazienti utilizzando tecniche di imaging cerebrale. Oltre a questo, numerosi studi di Harvard e del NIMH hanno identificato il risultato della psicoterapia come la ragione dei cambiamenti del cervello nelle persone con malattie mentali.

Nel frattempo, Hasse Karlsson, capo psichiatra all'ospedale universitario di Turku in Finlandia e autore di How Psychotherapy Changes the Brain, ha menzionato in Psychiatric Times che spesso, i cambiamenti del cervello causati dalla psicoterapia sono simili ai cambiamenti causati dai farmaci. Tuttavia, l'American Psychiatric Association consiglia che per ottenere il massimo dalla psicoterapia, è necessario seguire il piano di trattamento, affrontare la terapia come uno sforzo collaborativo, ed essere aperti e onesti. Seguire tutti gli incarichi, per quanto possibile, specialmente tra le sessioni, come la scrittura di un diario.

La crisi della salute mentale americana iniziata negli anni '50 ha fatto sì che la psicoterapia assumesse una nuova forma. La trasformazione della terapia si è allontanata dalle idee incontrastate di Sigmund Freud e del suo contemporaneo, lo psichiatra e psicoanalista svizzero Carl Jung.

Allora, quando Freud e Jung dominavano la scena, gli psicoterapeuti giocavano con idee che sconfinavano nella filosofia e nella religione. Usavano parole che suggerivano debolmente un potere divino come fonte della loro comprensione dei problemi di salute mentale. I terapeuti erano allora visti come esseri trascendenti, creature da venerare. Per fortuna, questo è cambiato da allora.

I terapeuti di oggi sono caldi, spensierati, amichevoli, simpatici e premurosi - il risultato delle necessità delle persone infelici. Per capire come la psicoterapia sia diventata una sorta di fonte di necessaria amicizia artificiale, dobbiamo guardare i vari studi condotti negli ultimi sei decenni sull'efficacia della talk therapy. In effetti, è un altro motivo per cui il trattamento è stato ampiamente accettato negli Stati Uniti. È perché funziona.

Secondo l'American Psychological Association, la ricerca ha rivelato che il 75% dei pazienti che hanno ricevuto la psicoterapia ha beneficiato della terapia. Come abbiamo discusso nel primo capitolo, le persone che soffrono di problemi di salute mentale sperimentano meno sintomi, permettendo loro di funzionare bene nella loro vita.

La psicoterapia è stata collegata a cambiamenti positivi nel cervello e nel corpo, migliorando le emozioni e i comportamenti. Permette alle persone che soffrono di sperimentare meno giorni di malattia e problemi medici, meno disabilità e, allo stesso tempo, aumentare la soddisfazione per i compiti svolti a casa e al lavoro.

I ricercatori hanno scoperto che i cambiamenti avvengono nel cervello di una persona che si è sottoposta a psicoterapia. Utilizzando tecniche di imaging del cervello, hanno scoperto che le persone con problemi mentali tra cui PTSD, disturbo di panico, depressione e altre condizioni, sperimentano cambiamenti nel loro cervello a causa della psicoterapia. Sorprendentemente, però, questi cambiamenti erano simili agli effetti dei farmaci da prescrizione per i problemi mentali menzionati prima.

Mentre ci sono stati molti studi fatti sulla psicoterapia, i suoi effetti sono stati notati nella ricerca recente. Ecco cinque studi condotti nel corso di un decennio che hanno cercato di saperne di più sull'efficacia della psicoterapia:

1. Secondo uno studio (Evidence-Based Treatments for Children and Adolescents: An Updated Review of Indicators of Efficacy and Effectiveness) pubblicato nel Clinical Psychology: Science and Practice Journal nel 2011, gli effetti generali della psicoterapia sono abbastanza significativi da essere ampiamente accettati come un trattamento efficace per i problemi di salute mentale. Studi precedenti del 2001 (The Great Psychotherapy Debate: Model, Methods, and Findings di Bruce Wampold) e del 2009 (Making Science Matter in Clinical Practice: Redefining Psychotherapy di Larry Beutler) hanno già rivelato che gli effetti della terapia erano costanti anche se le condizioni mentali dei pazienti variavano. Dove c'erano differenze, queste erano causate da fattori come il supporto sociale, la

complessità e l'intensità della personalità e la natura cronica del problema di salute mentale.

2. Due studi separati del 2006 (Enduring Effects for Cognitive Behavior Therapy in the Treatment of Depression and Anxiety di Hollon, S.D., Stewart, M.O., e Strunk, D.) e del 2010 (The Efficacy of Psychodynamic Psychotherapy di Jonathan Shedler) hanno scoperto che la psicoterapia dura di più dei trattamento psicofarmacologico. Gli studi hanno anche scoperto che i pazienti hanno meno probabilità di richiedere un follow-up o trattamenti aggiuntivi dopo aver finito le sessioni complete di psicoterapia. Secondo il professore clinico associato di psichiatria alla Scuola di Medicina dell'Università del Colorado, Jonathan Shedler, i pazienti tendono a migliorare dopo la fine del trattamento a causa della varietà di abilità che la terapia insegna.

3. L'evidenza di rigorose ricerche cliniche sulla maggior parte dei disturbi psicologici ha dimostrato che molte forme di psicoterapia sono efficaci non solo per gli anziani e gli adulti in generale, ma anche con i bambini. Insieme a questi studi, fatti tra il 2001 e il 2010, gli scienziati tra cui Shedler, hanno scoperto che i benefici della psicoterapia era di gran lunga superiore a quello di non ricevere alcun trattamento.

4. Questa scoperta è stata importante perché ha aperto strade su come le diverse forme di psicoterapia possono essere migliorate. Migliorare le terapie può aiutare gli psicologi clinici a personalizzare i loro trattamenti in base alle esigenze dei loro pazienti.

5. Varie ricerche nel 2008 (Adult psychotherapy in the real world di Minami, T., & Wampold, B.E.) e nel 2009 (Can Treatment Trial Samples Be Representative? di Wales, J.A., Palmer, R.L., and Fairburn, C.G.) hanno stabilito che la psicoterapia è generalmente efficace nella cura di routine e negli studi clinici.

6. Quando si confrontano, non c'è relativamente nessuna differenza significativa nelle diverse forme di psicoterapia. Questo secondo vari studi pubblicati nel Journal of Mental Health (2007) e nei libri Principles of Therapeutic Change That Work (2006) e Psychotherapy Relationships That Work (2011).

Sessioni di terapia

C'è bisogno di un coinvolgimento attivo tra paziente e terapeuta in una sessione di psicoterapia. La fiducia e la relazione tra te e il tuo terapeuta è fondamentale per lavorare insieme in modo efficace in cui potrai trarre beneficio.

Tuttavia, come per qualsiasi altro trattamento medico, la riservatezza è un requisito fondamentale nella psicoterapia. Inoltre, mentre i pazienti condividono pensieri e sentimenti personali, il contatto fisico intimo con un terapeuta non è mai o utile, appropriato, né accettabile.

Una sessione, che dura per lo più da 30 a 50 minuti, può essere condotta in un ambiente individuale, di coppia, di gruppo o familiare. È adatta anche ai bambini.

Qualunque sia il setting, comunque, c'è una pianificazione congiunta tra te e il tuo terapeuta per quanto riguarda la disposizione, la frequenza, la durata e l'obiettivo del tuo trattamento. Un intero trattamento può variare da poche sedute fino a mesi o anni. I trattamenti a breve termine sono applicati con problemi immediati, mentre i trattamenti a lungo termine sono utilizzati per affrontare problemi complessi e di lunga durata.

Conoscere il background della psicoterapia ti renderà più facile capire i trattamenti che saranno discussi più avanti in questo libro. Finora abbiamo affrontato alcune delle informazioni di base sulla psicoterapia. Tuttavia, discuteremo anche del perché non è più così popolare, anche se è stata praticata fin dagli anni '40.

CAPITOLO 2: TIPI DI PSICOTERAPIA

Abbiamo imparato che la ricerca ha dimostrato che tutte le forme di psicoterapia producono risultati benefici per i loro destinatari. In generale, gli psicologi usano una o più teorie di psicoterapia, ognuna delle quali fornisce una tabella di marcia che guida i terapeuti su come possono comprendere meglio i problemi dei loro pazienti e sviluppare una soluzione corrispondente.

Secondo l'Encyclopedia of Psychology (2000), le diverse forme di psicoterapia sono generalmente divise in cinque categorie:

Terapia umanistica

La terapia umanistica è influenzata dai filosofi umanisti Søren Kierkegaard, Martin Buber e Jean-Paul Sartre. Temi importanti includono il rispetto e la preoccupazione per gli altri, evidenziano la capacità di una persona di prendere decisioni razionali e di sviluppare il proprio potenziale al massimo. I tipi di terapia umanistica particolarmente influenti sono:

1. Terapia della Gestalt. Sottolinea l'importanza di accettare la responsabilità e di essere consapevoli del presente. Questa idea è chiamata organicismo e olismo.
2. La terapia esistenziale si concentra sulla ricerca di significato, l'autodeterminazione e il libero arbitrio.
3. La terapia centrata sul cliente aiuta i pazienti a cambiare la loro visione della vita enfatizzando i loro interessi, le loro preoccupazioni e le loro esperienze interiori. Rifiuta l'idea dei terapeuti come autorità.

Terapia olistica o integrativa

La terapia olistica o integrativa mette insieme diverse forme di psicoterapia per fornire le migliori soluzioni possibili ai problemi di salute mentale ed emotiva del paziente. I terapeuti che praticano questo approccio fondono elementi per adattarsi ai bisogni dei pazienti.

Psicoanalisi e terapie psicodinamiche

Le terapie psicoanalitiche si distinguono per la partnership tra terapeuta e paziente - lavorano insieme per risolvere i problemi. È attraverso questa relazione terapeutica che i pazienti sono in grado di conoscere se stessi.

Le interazioni permettono loro di esplorare i loro pensieri e le loro menti.

La psicoanalisi, essendo sviluppata da Freud, è strettamente identificata con lui. Tuttavia, le sue formulazioni sono state modificate ed estese.

La psicoanalisi tradizionale è ancora praticata oggi, ma assume nuove forme dinamiche, quindi di natura psicodinamica. Queste terapie si concentrano sull'incoraggiare i pazienti a scoprire le loro motivazioni inconsce con il risultato di un cambiamento nei loro pensieri, sentimenti e comportamenti problematici.

Terapia comportamentale

La terapia comportamentale si concentra sul ruolo dell'apprendimento nell'aiutare i pazienti a sviluppare comportamenti normali e anormali.

Il fisiologo russo Ivan Pavlov ha scoperto l'apprendimento associativo o condizionamento classico, che è un importante contributo alla terapia del comportamento. Attraverso la sua scoperta, osservò come i suoi cani sbavavano ogni volta che sentivano il suono di qualsiasi campana. Si scoprì che i suoi cani erano stati condizionati a rispondere al suono di una campana ogni volta che venivano nutriti. Hanno imparato ad associare il suono al cibo, e quindi a sbavare.

Un'altra forma di condizionamento classico è la desensibilizzazione. Una persona con una fobia sarà trattata con l'esposizione ripetuta alla fonte della paura o dell'ansia della persona.

Un altro tipo di apprendimento, chiamato condizionamento operante, usa premi e punizioni per influenzare il comportamento di una persona. È stato scoperto da Edward Thorndike, uno psicologo americano che ha contribuito a gettare le basi della psicologia dell'educazione.

Dall'emergere della terapia del comportamento negli anni '50, è stata sviluppata in diverse varianti. Una delle sue forme più popolari è la terapia cognitivo-comportamentale, un argomento importante di questo libro. Si concentra sui comportamenti e i pensieri dei pazienti. Più avanti, ne sapremo di più.

Terapia cognitiva

Questo approccio si concentra su ciò che le persone pensano, non su ciò che fanno, anche se non scarta completamente quest'ultimo. I terapeuti sono convinti che il pensiero disfunzionale sia la ragione principale per cui certe persone agiscono in quel modo, a parte le norme della società. La terapia viene utilizzata per cambiare i pensieri delle persone, in modo che possano cambiare i loro sentimenti e le loro azioni.

I maggiori contributori a questo tipo di terapia includono Aaron Beck, uno psichiatra americano considerato come il padre della terapia cognitiva, e Albert Ellis, uno psicologo americano e anche uno dei fondatori della terapia cognitivo-comportamentale.

Di tutte le forme di terapie, sono le ultime due categorie che sono state proattive negli ultimi anni. È in questo senso che parliamo della terza ondata di psicoterapia. Si tratta di un gruppo di terapie comportamentali e cognitive emergenti che hanno mostrato miglioramenti significativi nella vita delle persone che si sono sottoposte a tali trattamenti. Molto efficaci sono che possono essere utilizzati per rafforzare il cervello, la memoria e le emozioni. Molto efficaci sono che possono rimodellare la tua vita e metterti in grado di affrontare le sfide della vita.

Tuttavia, mentre l'argomento delle psicoterapie della terza ondata è lungo, cercheremo di discuterne in un breve capitolo come segue. Dopo di che, esamineremo ogni componente: CBT, DBT, e ACT, insegnandoti come usare ciascuno di essi nella nostra vita.

CAPITOLO 3: TERAPIA COGNITIVO-COMPORTAMENTALE (CBT)

L'obiettivo primario della CBT è quello di modificare i nostri schemi di pensiero, i nostri atteggiamenti, le nostre credenze e il nostro comportamento per aiutarci a superare le nostre difficoltà e lavorare verso i nostri obiettivi.

Beck, il fondatore della CBT, ha praticato la psicoanalisi per anni fino a quando ha notato che molti dei suoi clienti avevano dialoghi interni che supportavano la sua teoria sulla forte connessione tra sentimenti e pensieri. Così, ha cambiato il suo modo di fare terapia per aiutare i suoi pazienti a identificare, capire e poi gestire le loro emozioni.

Beck, scoprì che una miscela di strategie comportamentali e terapia cognitiva forniva i migliori risultati per i suoi pazienti. Lavorando con la terapia emergente, il fondatore della CBT stabilì le basi della più importante forma di psicoterapia di oggi.

Questo metodo di psicoterapia non è inteso per un coinvolgimento a lungo termine, ma si concentra più sull'assistere i pazienti a raggiungere i loro obiettivi immediati. Molte sessioni di CBT possono durare solo da cinque a 10 mesi che coinvolgono almeno 50 minuti per ogni sessione settimanale.

La CBT è un tipo di trattamento che richiede un approccio pratico. Richiede che sia il terapeuta che il cliente investano il loro tempo e si concentrino sul processo. Il trattamento raramente funziona senza che entrambe le parti partecipino attivamente alle sessioni. Insieme, formano una squadra per determinare i problemi che il cliente deve risolvere e identificare possibili strategie per affrontare i problemi.

La CBT come trattamento efficace per le distorsioni cognitive

La maggior parte dei trattamenti CBT oggi sono utilizzati per risolvere i problemi sulle distorsioni cognitive, che si riferiscono ai pensieri che sostengono le emozioni negative o gli schemi di pensiero. Questi sono conosciuti come metodi di pensiero difettosi, che permettono alla nostra mente di formare realtà presunte che non sono vere. Le distorsioni cognitive sono anche conosciute come errori di pensiero.

Gli psicologi hanno identificato 15 forme primarie di distorsioni cognitive che potrebbero colpire anche coloro che considerano il loro pensiero come equilibrato.

1. Fallacia della ricompensa del cielo

Questa forma di distorsione cognitiva è caratterizzata dal pensiero di aspettarsi che qualsiasi abnegazione o sacrificio sarà ricompensato. Questo può essere descritto come la credenza nel karma, e ci aspettiamo che il karma ci ripaghi sempre istantaneamente quando facciamo cose buone. La distorsione può essere negativa se proviamo amarezza perché non abbiamo ricevuto la ricompensa attesa.

2. Sovrageneralizzazione

Questo si riferisce alla selezione di un singolo punto nel tempo o incidente e l'utilizzo come unico elemento di prova per una conclusione più ampia. Per esempio, un venditore dilettante potrebbe essere in difficoltà nel suo lavoro a causa dei rifiuti, ma invece di passare alla prossima prospettiva e provare di nuovo, ha concluso che è terribile nel lavoro e non venderà mai più un solo prodotto.

3. Mislabeling / Etichettatura globale

Il mislabeling, noto anche come etichettatura globale, è una forma di generalizzazione estrema in cui una persona può generalizzare una singola o più qualità o istanze in una percezione mondiale. Per esempio, se non completiamo un particolare compito, possiamo pensare di essere un completo fallimento non solo in una certa area ma in generale. Nel frattempo, se una persona che abbiamo appena incontrato dice qualcosa che non rientra nel nostro sistema di credenze, potremmo concludere che la persona non sta bene in generale.

Questa forma di distorsione cognitiva è specifica dell'uso di un linguaggio emotivo ed esagerato, come concludere che una madre è irresponsabile quando ha scelto di lasciare i suoi figli alle cure di una tata per poter andare ad una festa.

4. Fallacie del controllo

Questo tipo di distorsione cognitiva si riferisce ai pensieri delle persone che pensano che tutto ciò che accade loro potrebbe essere il risultato di forze esterne o a causa delle proprie azioni. Ci sono casi in cui ciò che ci succede è causato da forze che non abbiamo alcun controllo, e a volte a causa delle nostre azioni. L'errore qui è nell'assunzione che si tratti sempre di una delle due cose. Le persone potrebbero supporre che la qualità del lavoro sia dovuta al fatto di lavorare con persone con cui non siamo d'accordo, o d'altra parte, che ogni errore che qualcun altro sta facendo sia causato da qualcosa che stiamo facendo noi.

5. Shoulds

Si riferisce alle regole esplicite o implicite che abbiamo stabilito per noi o per le persone intorno a noi su come dovrebbero comportarsi. Se altre persone violano le nostre regole stabilite, possiamo sentirci male.

Ci sentiamo lo stesso anche se infrangiamo le nostre stesse regole.

Per esempio, se sei a dieta e hai stabilito la regola di dire no al dolce, poi durante il pranzo cedi al tuo desiderio di assaporare un dolce al cioccolato, probabilmente ti sentirai in colpa e ti sentirai male per aver infranto la tua regola. D'altra parte, se hai sempre avuto questa mentalità che il cliente ha sempre ragione, e incontri un rappresentante che cerca di discutere con te, potresti arrabbiarti.

6. Filtrare

Il filtraggio è una delle forme più comuni di distorsione cognitiva. Si riferisce al modo in cui la maggior parte di noi può ignorare tutte le cose buone e positive che sono successe nella nostra giornata e concentrarsi solo sul lato negativo. Le persone che hanno stabilito dei filtri nella loro mente tendono a concentrarsi sugli aspetti negativi della loro vita nonostante siano circondate da cose buone.

7. Saltare alle conclusioni

Come la generalizzazione eccessiva, questa forma di distorsione cognitiva si riferisce alla logica difettosa nel modo in cui le persone giungono a conclusioni sbagliate. Ma piuttosto che generalizzare un singolo incidente, saltare alle conclusioni si riferisce alla tendenza della persona ad essere certa anche in assenza di prove solide.

Potremmo pensare di non piacere al nostro collega solo con il più piccolo indizio, o potremmo essere convinti che le nostre paure potrebbero essere giuste prima ancora di avere l'opportunità di esplorare le nostre opzioni.

8. Pensiero in bianco e nero o polarizzato

Il pensiero polarizzato riguarda la percezione di vedere solo il bianco e il nero. Questo significa che la persona non vede alcuna zona grigia. Questo può essere descritto come un pensiero tutto o niente, senza spazio per le sfumature o la sofisticazione. Se una persona non riesce a eseguire con perfezione in diverse arce, allora può vedersi come un fallimento completo piuttosto che semplicemente non abile in una singola area.

9. Personalizzazione

Questa forma di distorsione cognitiva si riferisce alla convinzione di alcune persone che tutto ciò che stanno facendo possa influenzare altre persone o eventi esterni, indipendentemente da quanto illogico possa sembrare. Le persone che soffrono di questa forma di distorsione possono sentire di avere un ruolo irragionevolmente cruciale nelle cose negative che stanno accadendo intorno a loro.

Per esempio, stai lavorando con un team per sviluppare un contenuto pubblicitario. Il tuo capo l'ha proposto a un cliente e il cliente era insoddisfatto. Finisci per incolpare te stesso, credendo che se non avessi suggerito il particolare carattere che è finito sul prodotto finale, il risultato sarebbe stato diverso.

10. Avere sempre ragione

Anche se a molti di noi piace avere ragione, questa distorsione cognitiva fa pensare alle persone che avere torto non è accettabile, e che dovremmo avere sempre ragione. Alcune persone possono credere che avere ragione sia più importante dell'essere obiettivi o giusti, dell'umiltà di ammettere gli errori quando li abbiamo fatti, o dei sentimenti delle persone intorno a noi.

11. Gioco della colpa

Ci sono numerosi modi in cui potremmo assegnare la responsabilità o spiegare i risultati quando le cose non accadono secondo le nostre aspettative. Il modo più comune per farlo è il gioco della colpa, in cui possiamo incolpare gli altri per aver agito in un modo specifico o per averci fatto sentire male. Questa è considerata una forma di distorsione cognitiva perché non è ragionevole incolpare gli altri per qualsiasi cosa che agiamo o sentiamo.

12. Fallacia del cambiamento

Questa forma di distorsione cognitiva si basa sull'a-spettarsi che le persone intorno a noi cambino secondo le nostre preferenze e necessità. Questo sta nello stesso vicolo che la nostra felicità dipende da altre persone e la loro incapacità o mancanza di volontà di cambiare, anche se manteniamo le nostre richieste, ci rende infelici. Questo è malsano perché dovremmo assumerci la responsabilità della nostra felicità.

13. Minimizzare o ingigantire la catastrofe

Minimizzare o ingigantire la catastrofe è una forma di distorsione cognitiva che comporta l'aspettativa che il peggio possa accadere o sia già accaduto a seconda di un minimo incidente che potrebbe essere totalmente estraneo alle circostanze negative.

Per esempio, potresti aver commesso un piccolo errore al lavoro, e sei già convinto che questo farà deragliare l'intera operazione, e il tuo supervisore si arrabbierà e raccomanderà al tuo capo di licenziarti. D'altra parte, potrebbe anche assumere la forma di minimizzare importanti risultati nella vita, come una grande promozione o un grande obiettivo finalmente raggiunto al lavoro.

14. Fallacia dell'equità

Gli esseri umani hanno la tendenza naturale a preoccuparsi di essere giusti. Tuttavia, questa preoccupazione può essere portata agli estremi. È importante essere consapevoli della realtà che la vita non è sempre giusta. Le persone che attraversano la vita cercando l'equità possono finire per essere infelici e risentite. Ci saranno sempre casi in cui le cose non accadranno secondo i nostri desideri, indipendentemente da quanto giusto possa sembrare.

15. Ragionamento emotivo

Questa distorsione cognitiva è caratterizzata dalla convinzione che se ci sentiamo in un modo specifico, dovrebbe essere vero. Per esempio, se sentiamo che non siamo bravi nel nostro lavoro, dobbiamo essere davvero inadatti al compito. È evidente che le nostre emozioni non sempre indicano la verità sulla base di un presupposto oggettivo. Tuttavia, potrebbe essere difficile ignorare i nostri sentimenti.

Le persone che soffrono di bassa autostima e ansia sono vulnerabili ad essere intrappolate in un limbo infinito di pensieri negativi. Attraverso la CBT, si può essere consapevoli quando si viene trascinati a fondo dal pensiero negativo, che potrebbe risultare in una situazione di auto-realizzazione.

Per esempio, un membro del personale d'ufficio che pensa che il suo capo lo odia, può iniziare ad avere manifestazioni fisiche come la sudorazione alla sola idea di essere vicino al suo capo. Così, evita di incontrare il suo capo che lo rende ancora più escluso in ufficio e alla fine potrebbe risultare in un pensiero più negativo che è davvero senza speranza sul posto di lavoro. Il ciclo dannoso lascerà poi la persona a sentirsi ansiosa o depressa. Quando il pensiero iniziale è stato gestito correttamente, l'intero ciclo di negatività che segue avrebbe potuto essere evitato.

La CBT può aiutare a diventare più consapevoli quando si inizia ad essere influenzati da errori di pensiero. Questa forma di psicoterapia può anche insegnarti ad analizzare i tuoi pensieri in modo che non inneschino un circolo vizioso di flussi negativi, e ti aiuterà anche a sostituire i tuoi pensieri con pensieri più equilibrati e ragionevoli.

Queste distorsioni cognitive potrebbero essere forti abitudini che stai impegnando nel profondo del tuo subconscio, e una CBT potrebbe aiutarti a risolvere problemi specifici e fornirti gli strumenti necessari per modificare il tuo modo di pensare per aiutarti a risolvere qualsiasi problema mentale o emotivo che hai.

Per esempio, se hai notato che sei incline al pensiero polarizzato, dovresti provare a cercare la via di mezzo. Ricorda a te stesso che c'è tipicamente una gamma più ampia di risultati tra un disastro completo e la perfezione assoluta. Rara è la possibilità di incontrare uno scenario tutto o niente.

Se hai la tendenza a pensare a qualcosa come sempre o mai, potresti identificare le eccezioni? Altrimenti, non è veramente sempre o mai. Chiediti se è davvero brutto o se stai solo esagerando. Inoltre, prova a cercare altri modi di guardare una particolare situazione.

Una volta che si diventa consapevoli di avere questi errori di pensiero, si dovrebbe evitare di sentirsi male. Accettare il fatto che stai vivendo una distorsione cognitiva è il passo iniziale che devi fare per poter risolvere i tuoi problemi. Il libro di lavoro può essere utile quando stai sperimentando pensieri negativi, ma uno psicoterapeuta esperto in CBT potrebbe aiutarti a sfidare e migliorare i tuoi schemi di pensiero usando un trattamento più personalizzato.

Strumenti e tecniche importanti della CBT

Ci sono varie tecniche e strumenti usati nella CBT, e saresti sorpreso di sapere che molti di essi fanno già parte della nostra vita quotidiana. Gli strumenti e le tecniche descritte in queste sezioni sono tra le pratiche più comuni ed efficaci nella CBT, soprattutto per superare diverse distorsioni cognitive.

Ristrutturazione cognitiva

Quando inizi a diventare più consapevoli degli errori di pensiero o delle percezioni irragionevoli che spesso hai, puoi imparare di più su come il pensiero negativo ti sta influenzando e perché sta influenzando il tuo sistema di credenze. Una volta scoperta una convinzione che sta danneggiando il tuo benessere, puoi iniziare a sfidarla.

Per esempio, se pensi che dovresti avere un lavoro ben pagato in modo che le persone intorno a te ti riconoscano e ti rispettino, e finisci per perdere un lavoro ben pagato, la tua percezione di te stesso potrebbe essere distrutta.

Piuttosto che soccombere a questa nozione errata che potrebbe portarti a pensare illogici pensieri negativi su te stesso, puoi cogliere l'occasione per pensare ai tratti che rendono una persona rispettabile, che è un'ipotesi che potrebbe non averti esplicitamente attraversato la mente prima.

Svelare gli errori nel tuo pensiero

Questa tecnica è in realtà un obiettivo primario della CBT, e puoi farlo anche senza l'aiuto di uno psicoterapeuta professionista. Per svelare gli errori nel tuo pensiero, dovresti prima conoscere gli errori specifici che sei più incline a commettere. Una parte di questo può comportare l'identificazione e la sfida del nostro dannoso pensiero di default che di solito cade in una delle categorie che abbiamo descritto prima.

Tenere un diario

Questa strategia è un processo per raccogliere più informazioni sui nostri pensieri e stati d'animo. Tenere un diario può includere il momento specifico in cui abbiamo iniziato a sentire un particolare stato d'animo, la sua fonte, la sua intensità e come abbiamo reagito ad esso, tra gli altri fattori. Questo processo potrebbe aiutarci a identificare i nostri modelli di pensiero e di umore, riconoscerli e capire come gestirli efficacemente.

Rilassamento muscolare progressivo (PMR)

Coloro che stanno praticando la mindfulness hanno familiarità con questa tecnica. Come la scansione del corpo, questa strategia ti permetterà di rilassare specifici gruppi di muscoli uno alla volta, fino a quando tutto il tuo corpo sarà già rilassato. Puoi usare registrazioni audio, un breve clip di mindfulness online, ma anche la tua stessa mente andrà bene. La PMR è abbastanza utile per calmare i nervi. Praticare la PMR ti permetterà di liberare la tua mente in modo da poter identificare facilmente le tue distorsioni cognitive e risolvere i tuoi problemi.

Esposizione intercettiva

Questa tecnica CBT è progettata per il trattamento immediato dell'ansia o degli attacchi di panico. Comporta l'esposizione del paziente a sensazioni fisiche paurose per estrarre le risposte, attivare qualsiasi credenza dannosa connessa con le sensazioni, permettere nuove realizzazioni su queste sensazioni, e sostenere la sensazione senza evitamento o distrazione. Questo è ideale per i pazienti che soffrono i sintomi dell'ansia e vedono che gli attacchi di panico non sono dannosi, anche se generalmente non sono un'esperienza piacevole.

Riproduzione di copioni

Questa tecnica CBT è particolarmente utile per le persone che soffrono di ansia e paura. In questa strategia, sarai esposto all'ansia o alla paura paralizzante, e ti sarà chiesto di eseguire un tipo di esperimento mentale in cui è necessario visualizzare il risultato dello scenario peggiore. Permettere a questo scenario di essere riprodotto nella mente potrebbe aiutarti ad accettare il fatto che mentre c'è una possibilità che le tue paure si verifichino, è più probabile che tutto andrà bene.

Respirazione rilassata

La respirazione rilassata è una tecnica che non è completamente unica alla CBT. Quelli che praticano la mindfulness la conoscono bene. Ci sono diversi modi per calmare la mente e il corpo. Questi includono sceneggiature, video, registrazioni audio, e immagini guidate o non guidate. Incoraggiare la calma e la regolarità del tuo respiro ti permetterà di risolvere i tuoi problemi per trovare l'equilibrio, e permettere un processo decisionale più razionale ed efficace.

Questa tecnica potrebbe aiutare le persone che soffrono di diversi problemi di salute mentale come il disturbo di panico, OCD, depressione e ansia. Può essere eseguita anche senza l'assistenza di uno psicoterapeuta professionista.

Prevenzione dell'esposizione e della risposta

La prevenzione dell'esposizione e della risposta è una tecnica CBT che può aiutare le persone che soffrono di disturbo ossessivo-compulsivo (OCD). L'esecuzione di questa strategia richiede l'esposizione del paziente a qualsiasi cosa sia che di solito scatena il loro comportamento compulsivo. Questa tecnica può essere combinata con il journaling, poiché il paziente è incoraggiato a scrivere dell'esperienza.

Esposizione all'incubo e riscrittura

Questa tecnica CBT è ideale per i pazienti che soffrono di incubi costanti. Di solito viene paragonata all'esposizione intercettiva, perché i brutti sogni che il paziente sperimenta di solito possono suscitare emozioni rilevanti. Quando l'emozione è stata innescata, lo psicoterapeuta può aiutare il paziente a capire le emozioni preferite e poi lavorare insieme per creare una nuova immagine che può essere utilizzata per suscitare l'emozione preferita.

CAPITOLO 4: STORIA DELLA TERAPIA COGNITIVO-COMPORTAMENTALE

L'evoluzione della Terapia Cognitivo Comportamentale (CBT) è iniziata nel 1900, quando i professionisti hanno esplorato altri mezzi per trattare i disturbi mentali e le reazioni comportamentali. La storia può essere divisa in tre fasi:

L'era della terapia psicoanalitica (dal 1800 al 1900)

Nel 1800, questo trattamento per le malattie emotive e mentali fu reso popolare da Sigmund Freud. Questa terapia si concentrava sulle esperienze della prima infanzia o sulle esperienze passate che influenzano un individuo nel tempo presente. Si crede che la tua vita oggi sia il risultato delle tue esperienze nel passato.

Si fa portando alla luce le tue esperienze passate permettendoti di parlare del tuo passato e rivelando ciò che sentivi e pensavi quando eri in quel momento della tua vita. Queste informazioni possono essere estratte da te attraverso l'ipnosi.

Mentre tu racconti la tua storia, il terapeuta ascolta attentamente per determinare quale delle tue esperienze sta influenzando la tua vita attuale. Userà queste informazioni per trattarti.

Il periodo della terapia cognitiva (dal 1940 al 1979)

Negli anni '40, Alfred Alder, uno psicoterapeuta austriaco, infuse la cognizione nella psicoterapia che si basa sulla convinzione di Hans Vaihinger, un kantiano che gli individui creano la loro filosofia e le loro regole per permettere loro di capire il loro mondo sulla base delle loro esperienze.

Valinger ha detto che questi principi possono essere il prodotto dell'immaginazione, o può essere finzione, che poi potrebbe diventare la convinzione di un individuo a causa dell'uso costante.

La teoria di Alder è che i problemi emotivi di una persona emanano dai suoi pensieri. Le emozioni o le reazioni di un individuo ad una situazione dipendono fortemente da come percepisce la situazione o l'evento. Questo ha spinto a passare dal solito trattamento di psicoterapia a quello Cognitivo.

Sulla base della teoria di Alder, Aaron T. Beck, ha proposto un approccio chiamato terapia cognitiva. Poiché gli esseri umani sono un gruppo pensante con menti razionali, ci si aspetta che si possano controllare le proprie emozioni, il comportamento e i pensieri.

Questo riconoscimento dell'aspetto cognitivo di un essere umano, ha inaugurato la terapia cognitiva usata da (Mahoney, 1974; Meichenbaum, 1977; Shaw, Rush & Emery, 1979)

Il trattamento adotta l'idea che è possibile gestire le proprie emozioni, pensieri e comportamenti spiacevoli per evitare l'ansia. Puoi lavorare con il terapeuta per trovare un modo per te di alterare il tuo comportamento da cattivo a buono, ridurre le tue tendenze a pensieri negativi e contorti e sviluppare una buona impostazione mentale per un te migliore.

Nel corso degli anni la terapia ha assunto cambiamenti per migliorare le tecniche e i concetti utilizzati dai professionisti.

La terapia cognitivo-comportamentale (dal 1974 in poi)

Il trattamento delle condizioni mentali è aumentato con la combinazione della psicoanalisi e degli approcci cognitivi indicati come terapia cognitiva comportamentale (CBT), che ora è usata per trattare varie malattie mentali.

Bisogna sottolineare che la CBT adotta il concetto a tre punte dell'interconnessione della mente, dell'emozione e del comportamento.

Si concentra sul guardare la tua situazione o la condizione in cui ti trovi al momento, studiando i tuoi pensieri ed emozioni, come ti senti fisicamente e come agisci in una data situazione.

Questa terapia è impostata sullo sviluppo di strategie

che possono aiutare i pazienti a far fronte ai loro problemi mentali e comportamentali. La terapia adotta un approccio in quattro fasi: Valutazione e accertamento, costruzione delle abilità, sostenibilità delle abilità e fase di follow through o post valutazione.

Nella fase di valutazione, il paziente è sottoposto a una serie di esami psicologici per esaminare più da vicino la sua personalità, i suoi pensieri, il suo comportamento e altri aspetti cruciali del suo essere. Questa fase ha lo scopo di capirti come persona e di elaborare una tecnica su come puoi comportarti in modo più positivo o appropriato.

Per quanto riguarda la costruzione delle capacità e la sostenibilità, ti viene insegnato a imparare le molte strategie di coping che puoi usare per migliorare il tuo modo di reagire a certe situazioni e come superare i pensieri perversi. Devi intraprendere una continua capacità di costruire e sostenere le abilità che hai acquisito.

Nella fase di valutazione successiva, sarai valutato di nuovo dopo che i trattamenti sono stati fatti per determinare i tuoi progressi. Si accederà alle aree problematiche e di successo del tuo trattamento. I risultati potrebbero servire a riprogettare il tuo approccio e a sostenere quelli di successo.

La CBT è stata in prima linea nel trattamento delle malattie mentali per decenni, e continua ad essere un approccio universale nel trattamento dei problemi mentali.

CAPITOLO 5: ERRORI E MITI SULLA CBT

Mentre la maggior parte dei terapeuti e altri nel campo della psicologia hanno una buona comprensione della terapia cognitivo-comportamentale, è facile per i profani sviluppare incomprensioni sul metodo a causa di miti comunemente diffusi. Insieme ai miti sulla CBT che girano, ci sono anche alcuni errori comuni che le persone possono fare durante il processo di terapia. Per fortuna, la CBT è una terapia semplice e diretta da completare quando si è preparati con gli strumenti adeguati. Tuttavia, è ancora possibile fare semplici errori. In questo capitolo, imparerai la verità dietro i miti e conoscerai gli errori più comuni e come evitarli. Se tieni a mente questo capitolo, puoi avere un grande successo con la CBT.

Miti

Questi miti si diffondono facilmente, poiché le persone che hanno solo una piccola comprensione della

terapia cognitivo comportamentale potrebbero frainten-
dere ciò che hanno imparato. Tuttavia, poiché questa
persona crede di capire la materia, comincia a diffondere
il suo malinteso che crea questi miti comuni. Diamo
un'occhiata ai miti più comuni e ai fatti veri dietro di
essi.

La CBT è un rigido approccio unico per tutti

Uno dei bellissimi aspetti della CBT è che è un
approccio fluido con molte tecniche che possono essere
applicate a una varietà di disturbi. Mentre una persona
con la depressione userà una serie di tecniche, una
persona con un disturbo post-traumatico da stress userà
un'altra serie di tecniche. Mentre queste due persone
useranno due diversi tipi di tecniche, useranno anche
alcuni degli stessi metodi, come il journaling, per aiutare
a ristrutturare la loro cognizione. La verità è che la CBT
non è in alcun modo rigida o unica. È un approccio altamente personalizzabile che può essere modificato a
seconda della diagnosi di una persona, dell'età e delle
circostanze individuali. Questo approccio riconosce che
ogni persona è unica, e quindi richiede un approccio
unico e su misura.

Ogni volta che una persona vede un terapeuta cognitivo-comportamentale altamente qualificato, questo terapeuta dovrebbe essere in grado di personalizzare il suo
piano di trattamento per le sue esigenze specifiche. Una
persona può anche personalizzare il proprio piano se sta
usando questo libro senza l'aiuto di un terapeuta. Natu-

ralmente, si consiglia sempre di cercare un aiuto professionale.

La CBT si concentra solo sulla sostituzione della negatività con il pensiero positivo

La terapia cognitivo-comportamentale si concentra sulla ristrutturazione della cognizione per essere più equilibrata e meno negativa. Anche se questo è diverso dal pensiero positivo. Con il tipico pensiero positivo, una persona sta semplicemente dicendo qualcosa di positivo per coprire la sua negatività. Per esempio, la persona può dire "non c'è niente che non va, sono felice", anche se ha appena ricevuto una brutta notizia ed è devastata. Questo tipo di pensiero positivo insincero è come cercare di sbarazzarsi della muffa mortale in casa semplicemente dipingendoci sopra. Questo non risolve il problema, lo copre solo con una distrazione temporanea, che probabilmente porterà a risultati disastrosi in seguito. Invece di coprire la tua vita con insincera positività, la terapia cognitiva comportamentale insegna alle persone a imparare a vedere la loro vita nel modo più realistico possibile. Questo significa che si vede sia il bene che il male, senza che nessuno dei due metta in ombra l'altro. Avere una cognizione equilibrata e realistica permette di godere del bene e di affrontare e risolvere eventuali problemi.

Oltre a guardare il mondo e se stessi in modo più realistico, la CBT insegna anche a pensare in modo più flessibile. Questo significa che se una persona si sente nervosa per un discorso di fronte a una folla, può pensare alla situazione in modo flessibile. Se l'individuo dicesse a se stesso "Non sbaglierò, quindi non dovrei essere preoccupato", questo non aiuterebbe, poiché sbagliare è certamente possibile. Invece, alla persona viene insegnato a pensare ad altre prospettive. Per esempio, possono pensare "Anche se faccio un errore, posso ancora fare bene e avere successo".

La CBT ignora le emozioni

Niente potrebbe essere più lontano dalla verità che dire che la CBT ignora le emozioni. La verità è che le emozioni sono una parte molto importante del processo terapeutico, solo che sono trattate con un approccio diverso da altri tipi di terapia. Con la CBT, invece di trattare le emozioni da sole, vengono trattate mano nella mano con la cognizione di una persona. Questo perché la cognizione è ciò che influenza i pensieri, i comportamenti e le emozioni di una persona. Pertanto, se si vuole affrontare le emozioni difficili e fastidiose si deve prima capire la cognizione dietro di esse.

La CBT ignora il passato e l'infanzia

Questo mito ha un po' di verità, ma solo in parte. La verità è che la CBT di solito si concentra sul qui e ora, sui problemi che attualmente colpiscono una persona. Tuttavia, quando necessario, un terapeuta guarderà al passato del suo paziente e a come questo passato può influenzare la sua cognizione e causare problemi nella sua vita attuale. Per esempio, se una persona soffre di un disturbo da stress post-traumatico, il terapeuta guarderà indietro per vedere cosa ha causato il trauma. Se una persona ha un disturbo d'ansia sociale, il terapeuta può discutere le situazioni del passato che potrebbero aver innescato la paura dell'interazione sociale.

Una persona può essere in grado di guardare indietro al suo passato e vedere come ha alterato negativamente la sua cognizione, ma questo può essere fatto in modo affidabile solo da un terapeuta esperto. La verità è che non siamo in grado di guardare al nostro passato in modo completamente accurato, specialmente quando è coinvolto un trauma. Tuttavia, un terapeuta è specializzato nella comprensione di questi passati difficili e traumi con la capacità di imparare a ristrutturare la cognizione in modo equilibrato e sano.

La CBT tratta solo i sintomi, non il problema

La terapia cognitivo-comportamentale, per definizione, tratta una persona nel suo insieme senza ridurla a una lista di sintomi. Questo perché prima di poter trattare i sintomi, deve prima cambiare la cognizione di una persona. Quando la cognizione di una persona migliora, la persona si troverà a pensare in modo più equilibrato al mondo che la circonda, agli altri e a se stessa. Questo, a sua volta, crea un cambiamento nei pensieri, nelle emozioni e nei comportamenti della persona. Il risultato è una terapia che si concentra sulle correzioni dall'interno all'esterno, piuttosto che coprire solo i sintomi esterni ignorando i problemi interni. Puoi sentirti sicuro nel sapere che la CBT apporta un cambiamento reale e duraturo a una persona nel suo complesso, consentendole di continuare a sperimentare miglioramenti anche dopo la fine del corso di terapia.

Ci sono limitate prove scientifiche a sostegno della CBT

La verità è che la terapia cognitivo-comportamentale ha un alto grado di prove scientifiche a sostegno del suo successo, soprattutto se paragonata ad altre forme di terapie psicologiche. Una meta-analisi pubblicata dall'Università di Boston ha analizzato oltre cento studi sull'uso della CBT per vari disturbi, dipendenze, fonti di stress e altre possibili circostanze. Questa meta-analisi ha rivelato che in quasi tutti i casi, la CBT era più efficace di altre forme di terapia utilizzate. Non solo, ma è stata trovata particolarmente efficace per gli individui con disturbi d'ansia, stress generale, problemi di controllo della rabbia, bulimia e disturbi somatoformi.

La CBT richiede che la persona sia motivata

Può essere difficile iniziare una terapia, anche se sai che ti aiuterà. Quando si è depressi o ansiosi può essere difficile fare qualsiasi cosa, anche ciò che è meglio. Questo significa che la CBT non funziona per le persone non motivate? No! Infatti, la maggior parte delle persone stanno lottando con questi problemi quando iniziano e sono, quindi, demotivate. Eppure, nonostante questa mancanza di motivazione, queste persone trovano sempre successo e si ritrovano a sperimentare benefici sorprendenti.

Anche per una persona priva di motivazione, la CBT funziona se ha un programma con obiettivi, tecniche di preparazione e una persona a cui rendere conto. Avendo qualcuno dalla tua parte - anche quando ti manca la motivazione - hai l'aiuto di qualcuno che ti spinge a rispettare il tuo programma e a continuare a usare le tecniche che hai imparato. Questa persona è un terapeuta per la maggior parte delle persone; tuttavia, puoi anche rendere conto a un amico o a un membro della famiglia. La persona a cui devi rendere conto dovrebbe capire le premesse della tua terapia, quindi cerca di fargli leggere questo libro o mostrargli dei punti salienti che lo aiutino a capire il processo. Se la persona capisce cosa devi fare, può assicurarti che lo stai facendo bene e può dare consigli quando necessario.

È una psicoterapia a lungo/breve termine

La gente tende a credere che la CBT sia a lungo o a breve termine. La verità è da qualche parte nel mezzo. A differenza di alcune forme di terapia che richiedono che una persona vada più volte alla settimana per un tempo imprevedibile, la CBT ha un numero fisso di sessioni. Alla fine di queste sessioni, il paziente dovrebbe scoprire che ha ristrutturato la sua cognizione e che è pronto a tornare nel mondo da solo. Possono ancora usare le tecniche che hanno imparato per mantenere una cognizione sana, ma non avranno più bisogno di praticare quotidianamente una terapia estesa.

D'altra parte, non è nemmeno necessariamente una terapia a breve termine. Mentre di solito c'è un numero fisso di cinque o venti sessioni settimanali, il numero di sessioni andrà avanti per tutto il tempo necessario all'individuo. Non devi preoccuparti di ottenere solo cinque sessioni se il tuo caso ne richiede venti.

La CBT è davvero facile

È vero che la terapia cognitivo-comportamentale è una terapia semplice e diretta che chiunque può realizzare, adulto o bambino. Tuttavia, è importante tenere a mente che nessuna terapia è "veramente facile". Tutte le forme di terapia avranno le loro lotte, poiché non è facile superare il nostro dolore interiore, il trauma o le abitudini. Ristrutturare la tua cognizione in una visione del mondo più equilibrata e sana richiederà diligenza e duro lavoro. Dovrai assicurarti di usare quotidianamente le tecniche apprese e rimanere onesto con te stesso.

Alla fine del tuo periodo di utilizzo della CBT, scoprirai che lo sforzo e il lavoro che hai fatto per ristrutturare la tua cognizione ne è valsa la pena. Certo, potrebbe non essere sempre la cosa più facile, ma è uno dei modi più proficui in cui puoi spendere il tuo tempo. Con un diligente sforzo quotidiano, puoi trovarti molto più equilibrato, soddisfatto e felice.

Errori

È comune commettere errori occasionalmente con qualsiasi forma di terapia. Di solito, il tuo terapeuta ti aiuterà a correggere questi errori e ti guiderà sulla strada giusta. Tuttavia, se stai usando la CBT da solo e senza l'aiuto di un terapeuta, dovrai tenere a mente questi errori comuni in modo da poterli evitare.

Non capire l'importanza della ripetizione

Le persone che hanno provato la terapia cognitiva, o con un'incomprensione del processo o senza un terapeuta specializzato in CBT, possono essere frustrate e dire che il processo non funziona, che è un fallimento. Tuttavia, gli studi ci mostrano ripetutamente che quando un terapeuta specializzato in CBT impiega il processo sui suoi pazienti, il processo è efficace. Allora, perché questa differenza di esperienze? Semplicemente, se una persona usa un terapeuta che non capisce il processo o lo prova da solo senza le conoscenze adeguate, commetterà degli errori, e questi errori non favoriscono il progresso.

Uno dei più grandi errori che portano al fallimento è non capire l'importanza della ripetizione. Ad una persona si può dire come dovrebbe e non dovrebbe pensare, ma questo non significa che cambierà automaticamente. Invece, devono usare tecniche e strumenti per promuovere questo cambiamento nella loro vita quotidiana. Ogni giorno e per tutto il giorno - devono usare queste tecniche. Questo perché la chiave del successo della CBT è la ripetizione di tecniche utili e un pensiero equilibrato. Ci vuole un lavoro costante.

A differenza di altre forme di terapia, non si parla semplicemente con un terapeuta e poi si va avanti per la propria strada per una settimana. Devi mettere lo sforzo di cambiare direttamente la tua cognizione, e lo fai usando ripetutamente gli strumenti e le conoscenze che ti sono state date. Nello stesso modo in cui non puoi padroneggiare il tiro con l'arco scoccando una dozzina di frecce, non puoi padroneggiare la ristrutturazione della tua cognizione usando poche tecniche una sola volta. In entrambi i casi, devi praticare la stessa cosa ripetutamente per vedere un cambiamento e alla fine padroneggiare il mestiere. Non ci si può aspettare risultati senza pratica.

Usare il pensiero positivo al posto della CBT

Abbiamo detto in precedenza che alcune persone possono credere che il pensiero positivo sia tutto ciò che la CBT comporta, il che non potrebbe essere più lontano dalla verità. Con la terapia cognitivo comportamentale, una persona sta ristrutturando la propria cognizione per agire in modo più equilibrato. D'altra parte, troppo spesso il pensiero positivo è insincero o si rifiuta di vedere la negatività che è chiara come il giorno. La verità è che anche se non vogliamo pensare in modo negativo, è importante che possiamo vedere i problemi e le negatività nella nostra vita per poterle risolvere e superare. Ignorare la negatività è come rifiutarsi di vedere un tornado che si sta dirigendo proprio verso di te. L'opposto di questo (rifiutare di vedere qualcosa di positivo), sarebbe una persona sdraiata in posizione fetale che piange "Moriremo" e si rifiuta di fare qualcosa per la tempesta che si avvicina. Con una cognizione equilibrata, dovreste essere in grado di riconoscere il tornado che si avvicina, ma anche di fare qualcosa al riguardo e spostarvi nel rifugio anti tempesta per la sicurezza.

Ricorda, la CBT non riguarda il pensiero positivo o negativo, ma una cognizione equilibrata.

Non fare uso di tecniche di rilassamento

Spesso i terapeuti ricevono rapporti dai loro pazienti, che spiegano che si sentono stressati e ansiosi. Quando gli viene chiesto se stanno usando le tecniche di rilassamento che gli sono state date, come la respirazione profonda e la consapevolezza, la persona può rispondere "Non proprio" o "qualche volta". "Il problema con questo è che non ci si può aspettare di beneficiare di qualcosa che non si sta usando frequentemente e attivamente. Pensaci, mentre a tutti noi piacerebbe se potessimo iniziare a perdere peso semplicemente mangiando sano per un giorno, dobbiamo praticare regolarmente il mangiare sano per vedere i risultati. Lo stesso vale per le tecniche di rilassamento. Se vuoi beneficiare di queste tecniche, abbassando lo stress e riducendo l'ansia, allora dovrai impegnarti frequentemente.

Queste tecniche allenano la mente e il corpo ad affrontare le emozioni negative in modo calmo e produttivo, lasciando spazio alle emozioni positive. Non solo sono benefiche solo nei giorni in cui le pratichi, ma diventano anche più potenti quanto più frequentemente le usi. Pensa a queste tecniche come a degli esercizi: si migliora e si rafforza più a lungo e più spesso si pratica. Tra non molto, troverai semplice completare la mindfulness e la respirazione profonda simultaneamente, ma all'inizio, potrebbe essere difficile per te concentrarti e stare fermo per lunghi periodi.

Continua a mettere in pratica queste tecniche almeno una o due volte al giorno e troverai che il tuo stress e la tua ansia diminuiranno notevolmente nelle prossime settimane. Basta non rallentare una volta che il tuo stress si riduce, continua a praticarle ogni giorno a prescindere, perché manterranno basso il tuo stress.

Credere che le emozioni siano irrazionali

Poiché le nostre idee e i nostri sentimenti sono basati sulla nostra cognizione, alcune persone iniziano a credere che i loro sentimenti debbano essere completamente irrazionali. Che se fossero equilibrati e razionali non proverebbero proprio nulla. Ma la verità è che i sentimenti possono essere razionali, irrazionali o neutrali. Dopo tutto, ci si può sentire irrazionalmente arrabbiati quando qualcuno fa un errore innocente, o si può essere razionalmente arrabbiati per l'ingiustizia e la violenza insensata che si è verificata.

Gli esseri umani sono esseri emotivi, e non si possono semplicemente cancellare tutte le nostre emozioni. Sono una parte importante di noi stessi che ci permettono di elaborare il mondo intorno a noi, connetterci con una comunità e diventare più compassionevoli. Non sei fatto per essere un robot senza alcuna emozione, sei molto più che qualcuno e degli zeri che compongono il codice. L'insensibilità e la mancanza di emozioni è un sintomo caratteristico della depressione grave. Pertanto, non cercare di liberarti di queste emozioni. È possibile vedere una cognizione più equilibrata mentre si beneficia ancora di questi preziosi sentimenti.

Usare la CBT per giustificare una mancanza di responsabilità

Con la terapia cognitiva comportamentale, si insegna a una persona ad abbracciare chi è e ad apprezzare tutti gli aspetti di se stessa. Questo è destinato ad essere usato come base per crescere e migliorare se stessi. Eppure, alcune persone prendono questo come una scusa per sentirsi bene con se stessi e non preoccuparsi della crescita. Potrebbero abbracciare i loro difetti a tal punto che non si preoccupano di ferire gli altri con questi difetti. Lo si vede spesso nelle persone che si vantano di parlare in modo schietto o onesto. Sì, è una buona cosa parlare onestamente, ma spesso quando le persone se ne vantano, stanno solo usando "l'onestà" come motivo per dire cose crudeli e inutili.

Con la CBT devi vedere tutti i tuoi attributi, sia quelli buoni che quelli cattivi. Sii orgoglioso di te stesso per gli attributi buoni, perdona i cattivi, e poi cerca di crescere e diminuire gli attributi più negativi su di te. Non c'è nulla per cui scoraggiarsi - siamo tutti umani e abbiamo i nostri attributi negativi. Nel corso della vita, questi attributi cambieranno, ed è semplicemente il nostro lavoro lavorare costantemente su noi stessi, migliorandoci per essere la migliore versione di noi stessi che possiamo essere.

Esigere razionalità

Man mano che impari l'importanza della cognizione razionale ed equilibrata e i benefici che offre, vorrai iniziare a ristrutturare la tua cognizione. Tuttavia, alcune persone porteranno questo all'estremo di castigare se stessi per non essere all'altezza di uno standard immaginato, credendo di dover essere sempre completamente razionali. La verità è che questo di per sé non è razionale, poiché è un'aspettativa irrealistica che è impossibile da raggiungere. Di nuovo, siamo esseri umani che commettono errori, quindi non possiamo essere sempre razionali al cento per cento. Questo non è ciò che la CBT tratta o insegna. Semplicemente, lo scopo di ristrutturare la nostra cognizione è di migliorare la nostra salute mentale e lo stress vedendo il mondo e noi stessi in modo più realistico.

Questo è anche un pensiero irrazionale in quanto è un pensiero bianco o nero che dice: "Se qualcosa non è buono, allora deve essere cattivo". Con questa terapia, non sei destinato a vedere tutto in bianco e nero, ma invece, vedere che ci sono una varietà di sfumature di questi due colori nel mezzo.

Non fare un cambiamento di stile di vita

Con la terapia cognitiva comportamentale, non stai semplicemente imparando a riconoscere il pensiero irrazionale o negativo da evitare. Invece, stai attivamente allenando la tua cognizione a rispondere in modo diverso agli stimoli. Non puoi allenare il tuo cervello se non ci metti delle ore di pratica; la semplice lettura di questo libro non servirà allo scopo! Sì, leggere questo libro è il primo passo, ma non ti aiuterà se non lo metti in pratica quotidianamente.

Pensaci, non puoi semplicemente correre una maratona leggendo un libro su come correre più efficacemente. Invece, devi alzarti ogni giorno e allenarti per mesi. Lo stesso vale per la terapia cognitivo-comportamentale. Per alcuni mesi, dovrai mettere in pratica regolarmente ogni giorno se speri di fare veramente un cambiamento e avere successo. Se vuoi ristrutturare la tua cognizione, non puoi farlo leggendo qualche parola su una pagina. Devi usare attivamente le tecniche e gli strumenti che hai imparato ogni giorno, tutto il giorno.

Potrebbe volerci del tempo, ma se fai un cambiamento di stile di vita adottando completamente la CBT nella tua routine quotidiana, ti troverai presto a migliorare. Dopo poche settimane, noterai un grande miglioramento, e in pochi mesi, la differenza sarà drastica.

CAPITOLO 6: COSA PUÒ TRATTARE LA CBT E PERCHÉ FUNZIONA

La terapia cognitivo-comportamentale è stata usata per decenni per trattare la depressione e i disturbi d'ansia, ma ci sono anche molte altre condizioni che possono essere trattate. Per esempio, può essere usata nel trattamento dei disturbi bipolari, fobie, disturbo ossessivo-compulsivo, disturbo post-traumatico da stress, disturbi alimentari, dipendenze da sostanze e altro.

Originariamente creata per trattare la depressione, ora la CBT è usata in molti disturbi: disturbi dell'umore, ansia, disturbi della personalità, disturbi alimentari, dipendenza, tic e disturbi psicotici.

Depressione La depressione, altrimenti nota come disturbo depressivo maggiore, è una condizione veramente devastante. Molte persone possono passare molto tempo senza una diagnosi perché non sono consapevoli che quello che stanno provando non è quello che provano tutti gli altri. Possono anche avere paura di parlare e condividere la loro esperienza con la famiglia, gli amici o il loro medico. Questo è incredibilmente pericoloso, perché più a lungo la depressione non viene trattata, più può peggiorare e può portare a pensieri o tentativi di suicidio. Anche se la persona non tenta mai il suicidio, vivrà sentendosi infelice e potrebbe tentare di farsi del male in altri modi. Nessuno merita di vivere in questo modo; è veramente terribile. Per favore, se sospetti di avere la depressione parlane con il tuo medico. Alcuni sintomi includono:

Sentimenti di inutilità, senso di colpa, vuoto o mancanza di speranza, sensazione di intorpidimento emotivo, perdita di interesse nelle attività, esperienze fuori dal corpo, irritabilità negli adolescenti e nei bambini, pensieri di morte, lesioni o autolesionismo, sensazione di affaticamento e scarsa energia, desiderio di dormire, anche quando non si è stanchi, difficoltà a prendere decisioni, scarsa concentrazione, insonnia o ipersonnia, perdita o aumento di peso.

Purtroppo la depressione colpisce un gran numero di persone. Questa può colpire le persone in modo diverso, con alcune persone che sperimentano solo brevi attacchi occasionali di depressione, altri che sperimentano la depressione stagionale, e peggio: quelli che soffrono di depressione maggiore a lungo termine. Il tasso di prevalenza della depressione nel corso della vita in America ad esempio è del diciassette per cento, con circa il sette per cento della popolazione che soffre di questo disturbo raramente. Mentre gli uomini sviluppano anche la depressione, le donne hanno da due a tre volte più probabilità di sviluppare questo disturbo. Le persone che hanno altre malattie fisiche o mentali sono anche a più alto rischio di sviluppare la depressione.

Per la depressione a breve termine, i farmaci spesso non sono efficaci, ma i farmaci sono una parte importante del trattamento nella depressione a lungo termine. Con la depressione a lungo termine, la maggior parte delle persone ha bisogno di una combinazione di medicine e di terapia, mentre le persone con la depressione a breve termine sono spesso più aiutate dalla terapia. Assicurati di parlare con il tuo medico delle tue opzioni di trattamento, perché la depressione non è qualcosa da prendere alla leggera.

La terapia cognitivo-comportamentale ha dimostrato di essere un'opzione di trattamento efficace, spesso in combinazione con gli antidepressivi, per le persone con depressione sia a breve che a lungo termine. Quando una persona inizia la CBT con un terapeuta per la depressione, le sessioni di terapia iniziano con il terapeuta che prima spiega al paziente il processo CBT e come è ideale per la depressione. Poi, il paziente e il terapeuta lavoreranno insieme per fissare obiettivi di trattamento, imparare abilità comportamentali e tecniche da usare quotidianamente. Quando una persona usa la CBT specificamente per la depressione, l'obiettivo del trattamento sarà quello di aiutare il paziente a essere coinvolto in più attività che sono importanti per loro - ma difficili da realizzare a causa della depressione. Imparare a interagire meglio con il mondo e ad essere gentili con se stessi sono altri aspetti su cui il terapeuta e il paziente si concentreranno.

Le persone con depressione sperimentano regolarmente pensieri e credenze negative su se stessi, il mondo, il futuro e le altre persone. Questo è uno dei motivi per cui la CBT è così potente nel trattamento della depressione. Molte delle tecniche e degli strumenti della CBT sono creati specificamente per aiutare una persona ad analizzare questi pensieri negativi e bilanciarli in qualcosa di più veritiero e positivo. Col tempo, questo ristruttura la cognizione in modo che la persona depressa non pensi più in modo negativo o catastrofico. Man mano che la loro cognizione si equilibra e pensano meno negativamente, la persona sperimenterà meno sintomi di depressione e sarà in grado di godersi meglio la vita di nuovo. Questo processo può anche essere modificato per i bambini e le persone intellettualmente disabili in modo che i genitori o le persone che si prendono cura di loro possano aiutarli a usare le tecniche se non sono in grado di farlo da soli.

In breve, la CBT funziona per la depressione, perché aiuta le persone a godersi di nuovo le attività e a pensare meno negativamente, che sono i sintomi tipici di questo disturbo.

Se si sceglie di vedere un terapeuta professionista addestrato alla CBT per il trattamento, ci si può aspettare di avere una sessione di terapia alla settimana per dieci o venti settimane. Ognuna di queste sessioni seguirà probabilmente un ordine prestabilito, che include un controllo dell'umore del paziente, un collegamento tra la sessione di terapia precedente e quella attuale, la revisione dei compiti della settimana precedente, la definizione di un'agenda per la settimana successiva, la discussione dell'agenda, i compiti a casa e un riassunto della sessione. Durante queste sessioni, il paziente può fare qualsiasi domanda o discutere qualsiasi problema che si verifica in modo che il terapeuta possa guidarlo attraverso una soluzione.

Disturbo d'Ansia Generalizzata (GAD) Sintomi: irrequietezza, stanchezza, eccessiva ansia e preoccupazione, aumento dei dolori muscolari o indolenzimento, diminuzione della concentrazione, irritabilità e difficoltà a dormire.

Disturbo d'ansia generale e disturbo d'ansia sociale

Ci sono molti tipi di disturbi d'ansia, come il disturbo d'ansia generalizzato, il disturbo d'ansia sociale, il disturbo di panico, il disturbo ossessivo-compulsivo e altri. Tuttavia, mentre tutti i tipi di disturbi d'ansia sono trattati bene con la CBT, richiedono tecniche e metodi diversi. Pertanto, discuteremo questi disturbi separatamente. In questa sezione, esamineremo come la terapia cognitivo-comportamentale può aiutare quelli con il disturbo d'ansia generalizzato e il disturbo d'ansia sociale.

Gli attacchi d'ansia possono causare preoccupazioni incessanti, attacchi di panico e paura inabilitante, ma non è necessario vivere in questo modo. Il trattamento è possibile, e c'è una lunga esperienza che dimostra che la CBT è l'opzione migliore per chi soffre di disturbi d'ansia. Mentre alcune persone possono aver bisogno di farmaci, questa terapia funziona perché non copre semplicemente i problemi, ma tratta invece il problema principale che causa l'ansia. Si può imparare a superare le paure e il disagio che causano l'ansia, a rilassarsi meglio, a guardare la vita con un approccio più equilibrato, a creare meccanismi di coping e a imparare a risolvere i problemi. Non stai solo imparando strumenti che possono aiutare la tua ansia, ma ti viene anche insegnato come usarli per una vita migliore. Il disturbo d'ansia generalizzato, altrimenti noto come GAD, è la forma più comune di disturbo d'ansia che le persone sperimentano. Il GAD è caratterizzato da preoccupazione e paura eccessive e persistenti. Questa paura può riguardare se stessi, gli altri, il mondo, il futuro o praticamente qualsiasi altra cosa. Spesso le persone si preoccupano della famiglia, del lavoro, del denaro, della salute e di altre questioni urgenti della vita. Tuttavia, a differenza della maggior parte degli individui, quelli con GAS non sono in grado di controllare o gestire la loro preoccupazione e la paura da soli, portandola a diventare un incubo. Possono diventare ad aspettarsi il peggio, anche quando non c'è alcun motivo apparente di preoccupazione. Spesso, le persone sviluppano insonnia (un'incapacità di dormire) come le loro preoccupazioni peggiorano quando si sdraiano per la notte senza distrazioni.

Le donne hanno il doppio delle probabilità di sviluppare il GAD rispetto agli uomini, e il tre per cento della popolazione (quasi sette milioni di adulti) ha una diagnosi di disturbo d'ansia generalizzato. Come viene diagnosticato? Il tuo medico può diagnosticare la condizione se trovi che ti preoccupi più giorni che non per un periodo di almeno sei mesi. Le persone con GAD possono sperimentare l'ansia per eventi specifici come il lavoro, persone come la famiglia, o può essere semplicemente un'ansia travolgente senza alcuna causa nota. Una persona può sentire un impeto di ansia per niente di più che arrivare a fine giornata o alzarsi dal letto. Non ci deve essere una cosa specifica che causa la preoccupazione, l'ansia è lì a prescindere. Non solo questo causa una preoccupazione schiacciante, ma questa ansia costante può anche innescare mal di stomaco, stanchezza e mal di testa.

Molte persone con GAD lieve o moderato, o quelle in trattamento, sono in grado di vivere normalmente nella società. Sono in grado di tenere un lavoro decente, godersi la loro vita sociale e vivere la vita significativa che desiderano. Tuttavia, molte persone con GAD incontrollato possono evitare situazioni sociali, viaggi, promozioni lavorative o altre semplici attività quotidiane. Eppure, c'è speranza per queste persone. Con il trattamento sotto forma di CBT, possono di nuovo vivere la vita che desiderano.

Fattori di rischio del disturbo d'ansia sociale: genetica, osservazione di altri con SAD, eventi traumatici precoci, stili genitoriali, educazione isolata, struttura del cervello e aspettative sociali.

L'ansia sociale è simile al disturbo d'ansia generalizzato, ma ha una causa più specifica. Con il SAD una persona è specificamente ansiosa di interagire con altre persone. Si tratta di un'intensa preoccupazione di essere rifiutato e giudicato dai loro coetanei. Questo può portare la persona con SAD ad agire in modo visibilmente ansioso inciampando nei lavori, agendo in modo goffo e arrossendo, il che può anche portare ad essere visto dagli altri come strano, noioso o "stupido". Purtroppo, questo provoca solo l'ansia sociale a peggiorare, come nella loro mente l'ansia che stavano provando è stato dimostrato di essere vero.

Spesso, le persone con SAD sperimentano anche sintomi fisici, come sudorazione, nausea, aumento della frequenza cardiaca, e a volte possono anche sperimentare l'ansia vera e propria o attacchi di panico di fronte a una situazione che temono, come parlare in pubblico. Una persona con SAD può riconoscere che la sua paura è eccessiva o irragionevole, ma si sente anche impotente a fermare l'ansia. Ci sono circa quindici milioni di americani che vivono con il disturbo d'ansia sociale, rendendolo il secondo tipo più comune di disturbo d'ansia dopo le fobie. Il SAD si sviluppa spesso durante gli anni dell'adolescenza, continuando a influenzare la persona in età adulta. Le persone con questa condizione possono essere state eccessivamente timide durante l'infanzia, ma è importante notare che c'è una grande differenza tra la timidezza di base e il disturbo d'ansia sociale.

L'ansia sociale interrompe spesso la vita dell'individuo con questa condizione. Possono evitare le opportunità di lavoro che richiedono interazioni con più persone, ridurre il numero di interazioni sociali, evitare i negozi con folla, e possono anche isolarsi dai loro amici. Può essere davvero difficile per una persona con SAD avere successo nel lavoro o nella scuola senza un trattamento. Purtroppo, meno del cinque per cento delle persone con SAD cercano un trattamento entro un anno dall'inizio, e un terzo delle persone con questa condizione sperimenta i sintomi per più di dieci anni prima di cercare aiuto.

La terapia cognitivo-comportamentale è spesso il miglior percorso di trattamento sia per il disturbo d'ansia generalizzato che per il disturbo d'ansia sociale. Gli strumenti che promuovono la razionalità, la ripetizione e il rinforzo hanno dimostrato di essere più efficaci nel trattamento rispetto ad altri metodi.

Seguono alcuni dei benefici per coloro che hanno un disturbo d'ansia.

Imparare a tollerare l'incertezza

Uno dei fattori chiave in questi due disturbi d'ansia è l'incertezza. Se una persona con un disturbo d'ansia non è sicura al cento per cento che un evento negativo non avrà luogo, si sente agitata e incerta, aumentando la sua ansia.

Questa intolleranza all'incertezza non solo aumenta l'ansia, ma può ritardare il processo decisionale, aumentare la procrastinazione, portare al rifiuto di delegare e causare un eccessivo controllo.

La CBT aiuta una persona a imparare a far fronte all'incertezza, eliminando così questa fonte di ansia e rendendola più produttiva nella sua vita quotidiana.

Riconoscere la ruminazione

La ruminazione è il processo di preoccuparsi continuamente dello stesso argomento. Per esempio, una persona può preoccuparsi costantemente se otterrà una promozione sul lavoro per un'intera settimana o due. Questo causa una riduzione delle capacità di risolvere i problemi e aumenta la preoccupazione generale. Invece di ruminare su un problema, è meglio aspettare e affrontare la risoluzione del problema quando si presenta.

Ci sono diverse tecniche CBT che vengono usate per aiutare a diminuire la ruminazione, come la mindfulness e le tecniche di diffusione. Imparerai ad accettare qualsiasi pensiero tu stia avendo, riconoscendo che potrebbe non essere completamente accurato, e poi permettendo loro di passare. Con la CBT, non si cerca di bloccare questi pensieri, perché è inefficace. Quando invece riconosci i tuoi pensieri e poi li lasci andare, sei in grado di rilasciare meglio l'ansia.

Riconoscere le distorsioni del pensiero

Tutti abbiamo distorsioni del pensiero in una certa misura, ma le persone con SAD e GAD tendono ad averle in numero maggiore e in misura peggiore. Le distorsioni del pensiero possono assumere molte forme, come sottovalutare le nostre capacità, prevedere negativamente il futuro, personalizzare le esperienze negative, giudizi in bianco e nero, circostanze catastrofiche, prevedere negativamente ciò che gli altri potrebbero pensare, diritti e altro.

Con la CBT, una persona impara a riconoscere queste

distorsioni e poi le sostituisce con pensieri più equilibrati. Questo permette alla persona di ristrutturare lentamente la propria cognizione fino a sperimentare queste distorsioni meno frequentemente.

Adottare tecniche di Mindfulness

La CBT usa frequentemente la mindfulness, la respirazione profonda e il rilassamento muscolare. Queste tecniche aiutano la persona a ridurre i suoi meccanismi di evitamento e a lavorare invece sul miglioramento della sua ansia a testa alta. Invece di continuare a sguazzare in una pozza di paura, preoccupazione e ruminazione, si insegna alla persona ad affrontare direttamente l'ansia e a diminuirla. Questo può essere fatto facilmente in sessioni da cinque a dieci minuti ogni volta che una persona si sente ansiosa.

Trattare se stessi con gentilezza

È fin troppo comune per le persone con disturbi d'ansia parlare duramente a se stessi, notando le loro imperfezioni e dubitando delle loro capacità. Quando questo accade, spesso porta alla ruminazione e ai meccanismi di evitamento. Tuttavia, gli studi hanno dimostrato che aumentando la gentilezza verso se stessi possiamo anche diminuire l'ansia e aumentare la motivazione per l'auto-miglioramento. La terapia cognitivo-comportamentale usa molte tecniche e strumenti diversi per promuovere l'autocoscienza e il perdono, diminuendo così l'ansia e aumentando la motivazione di una persona. È importante ricordare che mentre la CBT è spesso la migliore opzione di trattamento per i disturbi d'ansia, non c'è una soluzione rapida. Mentre vedrai un miglioramento in un certo numero di settimane, ci vorranno diversi mesi prima di vedere il pieno beneficio che la terapia cognitivo-comportamentale ha da offrire. Non arrenderti dopo un solo giorno o una settimana, devi metterci costantemente impegno se speri di vedere i risultati del tuo lavoro. A volte le persone possono anche sentirsi peggio prima di sentirsi meglio, perché stanno affrontando le loro ansie e le superano piuttosto che ignorarle come hanno fatto in passato. Tuttavia, se segui i consigli del tuo terapeuta o le conoscenze acquisite da questo libro - e continui a metterci impegno - non perderai.

Insieme alle tecniche di terapia cognitivo comportamentale, è anche saggio adottare altre pratiche di stile di vita sano. Coltivando una vita più sana, sosterrai la tua CBT e ti permetterai di migliorare più rapidamente e con successo.

Alcuni fattori di stile di vita sano che dovresti considerare di aggiungere nella tua vita quotidiana includono l'apprendimento del tuo disturbo d'ansia, l'approfondimento delle connessioni con altre persone, la riduzione dei fattori di stress da ansia e la coltivazione di un corpo sano.

Quando si impara a conoscere l'ansia si può capire meglio come funziona la tua mente, permettendoti di sconfiggere meglio i pensieri negativi che ti vengono incontro. Approfondendo le tue connessioni con altre persone, puoi diminuire la solitudine e l'isolamento. Avrai più sostegno e ti sentirai a tuo agio ad avere una persona cara fidata. Riducendo i fattori di stress come le relazioni tossiche e la pressione non necessaria, diminuiranno le preoccupazioni inutili, permettendovi di avere più energia per ciò che è importante nella tua vita. Infine, creando una mente sana mangiando bene, facendo esercizio fisico ed evitando le droghe si può rafforzare e migliorare la propria mente. Disturbo post-traumatico da stress La gente spesso pensa a questo disturbo d'ansia come qualcosa che solo i membri militari che sono stati schierati in zone di guerra sperimentano, ma questo non è vero. Chiunque può sviluppare un disturbo da stress post-traumatico, o PTSD, se ha subito un evento traumatico. Attacchi terroristici, incidenti gravi, disastri naturali, aggressioni sessuali, attacchi violenti e altro ancora possono causare lo sviluppo del PTSD.

L'incomprensione del PTSD - e la convinzione che colpisce solo i militari - è dovuta al fatto che originariamente si chiamava "shell shock" per descrivere i veterani con PTSD dopo la prima guerra mondiale. Per fortuna, mentre i profani hanno ancora incomprensioni sul PTSD, la comunità medica riconosce che può succedere a chiunque. Circa il 3,5% degli americani soffre di questa forma di ansia. Cosa significa esattamente sperimentare il PTSD? Le persone con questa condizione sperimentano pensieri, sentimenti e ricordi inquietanti, spaventosi e ansiogeni molto tempo dopo la fine di un'esperienza traumatica. Per esempio, una persona che è stata attaccata da un cane può, in seguito, continuare a pensare all'attacco, avendo attacchi di ansia e panico ogni volta che sente abbaiare un cane o pensa di vedere un cane. Una persona non deve nemmeno vivere l'evento traumatico in prima persona per sviluppare il PTSD, può svilupparlo semplicemente sentendo parlare di seconda mano di un evento traumatico.

Ci sono criteri specifici che un medico userà per diagnosticare una persona con PTSD. Tuttavia, alcuni dei sintomi e degli effetti più comuni includono:

- Incapacità di ricordare aspetti degli eventi traumatici (non causati da droghe, alcol o trauma cranico).
- Biasimo distorto di se stessi o degli altri.
- Credenze o aspettative negative ed esagerate sul mondo, gli altri o se stessi.
- Comportamento aggressivo o irritabile.
- Sentimenti di distacco dagli altri.
- Vergogna persistente, senso di colpa, paura, rabbia o orrore.
- Comportamento autodistruttivo o sconsiderato.
- Incapacità di provare emozioni positive.
- Diminuzione dell'interesse per le attività.
- Ipervigilanza.
- Difficoltà di concentrazione.
- Più facilmente spaventato.
- Insensibilità emotiva ed evitamento dei ricordi del trauma. Flashback angoscianti o incubi

sull'evento traumatico. Difficoltà ad addormentarsi o a rimanere addormentati.
- Più facilmente nervoso, arrabbiato o irritato.
- Attacchi di panico (palpitazioni, tachicardia, vertigini, problemi di respirazione).

Ci sono varie teorie sul perché le persone sviluppano il PTSD, una di queste è la teoria cognitiva sociale di Benight e Bandura. Questa teoria spiega che le persone che hanno subito un trauma cercano di elaborare l'evento in credenze sul mondo, gli altri e se stessi. Tuttavia, quando elaborano questi pensieri ed emozioni, una persona potrebbe finire per creare malintesi dannosi sulla sua esperienza, il mondo, gli altri, se stessa e la sua percezione del controllo. Per esempio, una persona può credere che le cose cattive accadono alle persone cattive, quindi avendo sperimentato un evento traumatico può sentire di essere cattiva, ed è stata la sua "punizione".

Una persona con PTSD è incoraggiata a isolare queste idee sbagliate e distorsioni che ha creato, al fine di elaborare il trauma. Queste distorsioni vengono poi rivalutate e trasformate in un modello di pensiero più equilibrato e veritiero. Ci vuole tempo, ma se una persona fa regolarmente un diario e categorizza i suoi pensieri dannosi in pensieri equilibrati, comincerà ad avere una cognizione meno distorta, scoprendo che il PTSD lentamente migliora.

Un terapeuta può anche guidare il paziente attraverso una terapia di esposizione controllata per aiutare a diminuire i flashback, gli incubi e gli attacchi di panico quando si confronta con i ricordi dell'evento traumatico. Questo viene fatto lentamente e con attenzione, spesso iniziando con il paziente che chiude gli occhi e pensa di interagire in modo sicuro con un fattore scatenante. Per esempio, se la persona è stata attaccata da un cane, potrebbe interagire in modo sicuro con un piccolo cane ben educato. Se questo è troppo, possono immaginare che il cane sia dentro un canile e non possa avvicinarsi a loro. Una volta che la persona è in grado di gestire il pensiero di interagire con i fattori scatenanti, probabilmente passerà a interagire effettivamente con i fattori scatenanti nella vita. Il terapeuta permetterà alla persona di vedere un cane ben educato al guinzaglio a distanza e continuerà a progredire finché la persona non sarà finalmente in grado di stare accanto a - o accarezzare - un cane. Come funziona la terapia di esposizione varia notevolmente, a seconda del tipo di trauma che una persona ha vissuto, ma un terapeuta ben addestrato dovrebbe essere in grado di guidare il paziente attraverso il processo.

Disturbo ossessivo-compulsivo

Comunemente noto come OCD, il disturbo ossessivo-compulsivo è un tipo di disturbo d'ansia che provoca pensieri, sensazioni o idee frequenti, indesiderati e ricorrenti. Questi pensieri ricorrenti spesso fanno sì che le persone agiscano in modo compulsivo, il che li rende noti come "compulsioni". Questo può includere comportamenti ripetitivi come controllare le cose, lavarsi le mani, pulire, tenere gli oggetti in ordine o simmetrici, e altro. Può anche includere pensieri indesiderati, come quelli di natura aggressiva o sessuale.

Ci sono molte persone senza OCD che hanno sperimentato comportamenti ripetitivi o pensieri focalizzati. Eppure, questi non interferiscono con la loro vita quotidiana, possono anche rendere la vita più facile per la persona. Tuttavia, per le persone con OCD, questi comportamenti ripetuti e pensieri indesiderati causano alla persona uno stress inimmaginabile se non sono in grado di agire su di loro. Per esempio, una persona con OCD può lavarsi le mani al punto che la pelle è cruda e si stacca, ma non è in grado di fermarsi. Un'altra persona che soffre di OCD può essere incapace di uscire di casa se prima non controlla i fornelli dieci volte e non gira la maniglia della porta da sinistra a destra in un modello specifico perfettamente tre volte.

Le persone con OCD possono logicamente sapere che non accadrà nulla di disastroso se non agiscono su questi comportamenti e pensieri ripetitivi, ma anche con la comprensione logica di questo, le loro ossessioni rimangono. Hanno difficoltà a non concentrarsi sui pensieri ripetitivi o ad agire sulle azioni compulsive. Può diventare così grave che se la persona non è in grado di agire sulla compulsione, sperimenta un attacco di panico e può persino farsi del male.

Molte persone hanno malintesi su cosa sia l'OCD e pensano che sia uno scherzo, ripetendo dannose battute stereotipate come "Amo pulire, devo essere OCD!" o "Ho l'OCD, Disturbo Ossessivo Natalizio". Eppure, nonostante questi malintesi, la verità è che solo una piccola percentuale della popolazione ha effettivamente OCD, con le statistiche che mostrano oltre poco più dell'uno per cento.

Con la terapia cognitiva comportamentale, una persona può imparare a far fronte e cambiare i suoi pensieri problematici, emozioni e comportamenti, trattando così la fonte del disturbo ossessivo compulsivo. Quando una persona ha un OCD, il suo terapeuta userà un particolare sottoinsieme di CBT noto come esposizione e prevenzione rituale. Lo scopo di questo tipo di CBT è quello di ristrutturare la cognizione e rompere le associazioni precedentemente radicate. Ci sono due modi in cui questo può aiutare. Primo, romperà le sensazioni di angoscia dai fattori scatenanti che producono questa sensazione, come pensieri, situazioni o oggetti. In secondo luogo, romperà la connessione tra l'agire su comportamenti rituali e l'esperienza di una diminuzione dello stress. Questo significa che nel tempo, lo stress di una persona diminuirà complessivamente e il suo cervello non crederà più di aver bisogno di agire sui pensieri o comportamenti ripetitivi.

Le tre fasi del trattamento CBT per il disturbo ossessivo-compulsivo includono:

Esposizione immaginata

Con l'esposizione immaginata, una persona visualizza mentalmente se stessa in una situazione che di solito è angosciante - o le conseguenze di una situazione temuta.

Per esempio, potrebbe immaginare di appiccare un incendio in cucina e doverne affrontare i risultati.

Esposizione alla vita reale

Con questo passo, una persona si esporrà a una situazione temuta o a un oggetto che scatena l'ansia. Potrebbe trattarsi di germi, di uno spazio disordinato o di qualsiasi altro fattore scatenante.

Prevenzione rituale

In questo passo, una persona evita di agire su comportamenti rituali. Questo significa che potrebbe lasciare la cucina senza controllare i fornelli o toccare un cane senza lavarsi le mani dopo.

Dipendenza

Ci sono molte dipendenze, ma due delle più comuni e problematiche sono legate alla droga e all'alcol. Indipendentemente dalla dipendenza, la depressione e l'ansia sono spesso la causa principale, che è uno dei motivi per cui la CBT è ben nota per aiutare. Le persone che sperimentano frequentemente il pensiero negativo hanno difficoltà a fare cambiamenti, anche quelli che sanno essere i migliori per loro. Questo significa che anche se una persona vuole rinunciare all'alcol, alle droghe o ad altre dipendenze, può avere difficoltà a fare i cambiamenti necessari per rompere la dipendenza. Questi sono pensieri potenti e distruttivi e possono verificarsi frequentemente come pensiero "tutto o niente". Questo tipo di pensiero fa credere alle persone di non avere il controllo e di essere impotenti sul loro comportamento riguardo alla loro dipendenza. Per esempio, possono credere di dover fare tutto perfettamente perché qualsiasi cosa di meno è un fallimento. Questo tipo di pensiero si traduce spesso in una dipendenza dalle droghe, dall'alcol, dal gioco d'azzardo o anche dai videogiochi.

Quando un tossicodipendente inizia il trattamento con la CBT, imparerà a smantellare le false idee e le insicurezze che portano al suo abuso di sostanze, gli verranno forniti strumenti e guide di auto-aiuto per migliorare il suo umore, imparerà migliori capacità di comunicazione, e gli verranno dati strumenti da usare quando si sentirà costretto ad agire sulla sua dipendenza.

Come puoi vedere, la terapia cognitivo-comportamentale può aiutare le persone con molti disturbi diversi. Che tu stia lottando con un disturbo d'ansia generalizzato o con una dipendenza da droghe, puoi trovare aiuto con la CBT. Ci sono anche molte altre condizioni psicologiche che questa terapia può aiutare, quindi non sentirti scoraggiato se il tuo problema non è stato descritto in dettaglio qui.

CAPITOLO 7: IL POTERE DELLA MENTE

La terapia cognitivo-comportamentale si basa sul potere della mente di causare cambiamenti nel modo in cui una persona pensa, si comporta e agisce.

Quasi tutti sono consapevoli del riferito potere della mente, ma solo poche persone ci credono veramente, mentre si possono contare con le dita le persone che stanno usando questo potere per cambiare positivamente la loro vita e scoprire i loro potenziali nascosti.

Perché? Perché non credono fermamente nel principio che la mente ha il controllo sul corpo, e che la mente può controllare il modo in cui una persona agisce e si comporta.

Questa convinzione risale all'era cristiana, quando Gesù Cristo dichiarò ai suoi discepoli:

"In verità ti dico che se hai fede piccola come un granello di sabbia, puoi dire a questa montagna: 'Spostati da qui a lì', ed essa si sposterà. Nulla ti sarà impossibile".

Questo è il potere della mente rivelato da una delle

figure più popolari del cristianesimo. Per le persone di quell'epoca, tutto quello che dovevano fare era credere che la montagna potesse muoversi, e l'avrebbe fatto. È un pensiero sconvolgente immaginare che la montagna si muova davvero solo perché glielo hai detto tu.

Sfida ciò che normalmente conosciamo degli oggetti. La nostra umanità aveva classificato le cose in stereotipi. "Non posso spostarla perché è una montagna".

Ma l'affermazione veniva da qualcuno che aveva camminato sull'acqua. Quindi, si può fare.

Ok, quindi non vuoi saperne di più sul cristianesimo. Che dire del leggendario Maestro Yoda in "Star Wars", che ha detto:

"Non provare, fare o non fare".

Yoda disse questo quando Luke Skywalker non era in grado di sollevare il caccia stellare X dal lago usando la sua mente.

Quando Luke disse: "Non posso farlo".

Il maestro Yoda rispose: "È solo nella tua mente".

Questa storia è un'opera di fantasia, ma il concetto che il potere della mente è senza limiti è dimostrato in questa scena.

Sei ancora poco convinto? Che dire di questo: l'Effetto Placebo.

Effetto Placebo

L'Effetto Placebo è stato visto negli studi clinici quando i farmaci sono stati testati per la loro efficacia. La pillola placebo era inclusa per assicurare che i risultati fossero validi.

Il placebo è anche chiamato 'pillola fittizia' perché non contiene i componenti del farmaco in prova.

I ricercatori avevano scoperto che quando gli individui di controllo (quelli che hanno preso la pillola placebo) credevano di aver preso il farmaco genuino, avevano sperimentato gli stessi effetti di quelli che avevano preso la pillola genuina. Ci sono numerosi studi che hanno dimostrato l'Effetto Placebo.

Questi risultati indicano che ciò che la mente pensa, il corpo risponderà di conseguenza.

Pensieri di gravidanza e malattia

Ci sono stati anche diversi rapporti di persone che pensavano fermamente di essere incinte o malate, e i loro corpi, in effetti, mostravano i sintomi della gravidanza o della malattia.

Disturbo da personalità multipla/disordine da personalità scissa

Inoltre, il potere della mente può essere dimostrato nei disturbi di personalità, e i medici sono ancora perplessi su come diverse personalità uniche si trovano in un solo corpo.

Il fatto più intrigante è che le caratteristiche fisiologiche e fisiche di ogni personalità differiscono l'una dall'altra.

Esempio:

In Dave esiste una doppia personalità. La prima personalità è Kevin, che è un diabetico con una scarsa vista. L'altra personalità è Alex, che è sportivo e sano. Quando la personalità di Kevin emerge, la persona (Dave) mostra veramente i sintomi di un diabetico; il suo zucchero nel sangue schizza in alto (iperglicemia), e ha bisogno di usare gli occhiali per leggere.

Quando la personalità di Alex prende il sopravvento, lo zucchero nel sangue ritorna normale e la scarsa vista scompare. Ogni tratto della personalità di Kevin scompare come per magia, e questo dimostra un collegamento diretto dalla mente al corpo; che qualsiasi cosa in cui la mente crede può essere compiuta dal corpo.

Questo vale anche per le altre personalità presenti in quella persona. I ricercatori hanno notato che anche il colore degli occhi, la postura, il modo di parlare e altri tratti della persona con disturbo di personalità multipla cambiavano, ogni volta che una nuova personalità prendeva il sopravvento.

La cosa sorprendente è che le personalità multiple all'interno della persona con malattia psicologica non si "conoscono" tra loro.

Non è sorprendente? Ma non sarebbe fantastico anche se si potesse comandare al proprio corpo di fare cose impossibili e buone per l'umanità usando la propria mente normale?

Telecinesi e telepatia mentale

Ci sono anche rapporti su rari individui che hanno dimostrato di avere poteri telecinetici e telepatici. Entrambi questi poteri sono controllati dalla mente.

Queste sono prove innegabili ed empiriche che se la mente è impostata - incrollabilmente in un pensiero - può essere abbastanza potente da causare cambiamenti nel corpo. La mente può controllare il tuo corpo e le tue azioni, pensieri e comportamenti.

Sicuramente, il punto è provato dalle prove cliniche dell'Effetto Placebo fatte da innumerevoli compagnie farmaceutiche e scienziati; il potere della mente di persone con disordini di personalità multipla e quelli con super poteri.

Ci sono casi documentati di individui in grado di curare miracolosamente se stessi attraverso le proprie prodezze mentali.

Ma perché le persone non sono entusiaste di usare i loro poteri mentali?

È perché ci vuole dedizione, concentrazione, diligenza, pazienza e duro lavoro per sviluppare i poteri del cervello.

Ogni persona ha questo potere mentale, solo in vari gradi. Il tuo può essere dormiente perché non l'hai usato per anni.

A parte queste scoperte scientifiche, fisiologicamente, il cervello ha anche la funzione principale di governare il corpo. Quando sei incosciente, non sentirai nulla, perché il cervello non può riconoscere e riconoscere gli stimoli.

Lo stimolo deve essere riconosciuto dal cervello

prima che il corpo possa reagire. Discutiamo di più sulle funzioni del cervello relative al nostro argomento.

Fisiologia del cervello

Il cervello è il centro del Sistema Nervoso Centrale. L'ipotalamo, in particolare, è responsabile del rilascio e dell'inibizione degli ormoni per rispondere al bisogno del corpo dopo aver ricevuto uno stimolo.

Un esempio è quando il corpo è povero di ormoni tiroidei (ipotiroidismo), questo stimolo attiverà il cervello a rilasciare il fattore di rilascio della tirotropina (TRF) o l'ormone di rilascio della tirotropina (TRH) alle ghiandole tiroidee.

Il TRF innesca le ghiandole tiroidee ad aumentare la secrezione degli ormoni tiroidei (T3 e T4), finché la concentrazione non torna alla normalità.

Quando ciò avviene, i livelli normali dell'ormone saranno nuovamente trasmessi al cervello, e il cervello diminuirà il rilascio di TRH, e il TRH diminuirà la secrezione degli ormoni tiroidei.

Questo è solo uno degli ormoni che l'ipotalamo secerne. Il resto dei principali ormoni secreti dall'ipotalamo sono:

- **Growth Hormone Releasing Hormone (GHRH)** - controlla la crescita e lo sviluppo del corpo.
- **Ormone di rilascio della corticotropina (CRH) o fattore di rilascio della**

corticotropina (CRF) - attiva la corteccia surrenale a secernere cortisolo.

- **Ormone di rilascio delle gonadotropine (GnRH)** - responsabile delle gonadi, gli organi riproduttivi del corpo.
- **Somatostatina (GHIH)** - inibisce il rilascio dell'ormone della crescita e dell'ormone stimolante la tiroide.
- **Ossitocina** - prodotta dall'ipotalamo e aiuta nel processo del parto. Viene rilasciato principalmente dall'ipofisi posteriore.
- **Ormone antidiuretico (ADH)** o **vasopressina** - aiuta nell'equilibrio idrico attraverso la ritenzione di acqua, ed è rilasciato principalmente dall'ipofisi posteriore.

Pertanto, quando l'ipotalamo non riconosce lo stimolo inviato da qualsiasi parte del corpo, non ci sarà una reazione corrispondente.

Hai avuto qualche esperienza simile a questi avvenimenti? C'è stato un momento nella tua vita in cui volevi ammalarti e poi ti sei ammalato? Hai sperimentato di chiamare un membro della famiglia perché ti ricordavi di lui? Alla fine hai scoperto che stava pensando a te.

Questo conferma la conclusione che c'è una connessione essenziale della mente con il funzionamento del tuo corpo. Come ti senti, reagisci e ti comporti ha una base scientifica e non è solo un sentito dire.

CAPITOLO 8: COME SUPERARE LA PAURA E L'ANSIA

A questo punto, sei pronto a fissare i tuoi obiettivi per risolvere le tue paure e ansie. Lo scopo di fissare i tuoi obiettivi a breve e a lungo termine è quello di fornire un modello chiaro o una mappa di dove stai andando.

Senza obiettivi chiari, potresti sprecare il tuo tempo vagando e indovinando cosa fare dopo. Tuttavia, prima di fissare i tuoi obiettivi, devi aver già riconosciuto che la mente è uno strumento potente per superare le tue paure.

Devi aver inculcato nella tua mente che il modo in cui pensi può controllare il tuo comportamento e le tue azioni. Se non è così, allora devi tornare ai primi capitoli e leggere del potere della tua mente. Psiche fino a che non ci credi veramente.

Dopo questa fase necessaria, puoi procedere al passo successivo.

Fissare gli obiettivi

Nel fissare i tuoi obiettivi, puoi usare il metodo SMART. SMART sta per Specific, Measurable, Attainable, Relevant e Time Bound.

Naturalmente, puoi sempre modificarli in modo che i tuoi obiettivi siano congruenti con le tue esigenze. Non ci sono casi identici perché ogni persona è unica.

Cosa significa SMART?

Specifico

I tuoi obiettivi devono essere specifici e chiaramente definiti. Evita le generalizzazioni. Quando i tuoi obiettivi sono specifici, puoi verificarli rapidamente.

Esempi

Alla fine della terapia, sarò in grado di vincere la paura degli spazi aperti.

Alla fine della terapia, sarò in grado di camminare da solo fino alla stazione.

Alla fine della terapia, sarò in grado di attraversare la strada da solo.

Misurabile

È possibile misurare o quantificare prontamente i risultati o gli effetti. Senza questo aspetto, non puoi determinare se i tuoi obiettivi sono stati raggiunti o meno. Quindi, fissa degli obiettivi che puoi misurare.

Esempi

Alla fine della terapia, sarò in grado di camminare da solo fino alla stazione dei treni per 10 volte.

Alla fine della terapia, sarò in grado di attraversare la strada da solo due volte al giorno.

Raggiungibile

Fissa degli obiettivi che puoi raggiungere. Evita obiettivi impossibili da raggiungere.

Esempi

Alla fine della terapia, sarò in grado di mescolarmi tra la gente durante le feste.

Alla fine della terapia, sarò in grado di esprimermi durante le nostre riunioni mensili dell'azienda.

Rilevante

Il tuo obiettivo dovrebbe essere rilevante per la comunità esistente intorno a te. Il tuo obiettivo contribuisce a qualcosa di positivo per gli altri? Il tuo obiettivo funziona nel tempo presente?

Esempi

Alla fine della terapia, sarei in grado di unirmi ai

volontari per aiutare altre persone con le mie stesse paure.

Alla fine della terapia, sarei in grado di aiutare i miei amici a superare le loro paure.

Sulla base di queste linee guida, ora puoi preparare i tuoi obiettivi. Tieni presente che questi sono i tuoi obiettivi personali, quindi devono essere orientati al tuo sviluppo e alla conquista delle tue paure.

Esempi

Obiettivi generali della terapia
Alla fine della terapia, sarei in grado di

- Parlare in pubblico ogni volta che mi viene chiesto di farlo.
- Socializzare con persone della mia cerchia ogni giorno.
- Stare in spazi aperti ogni volta che sono fuori con la famiglia e gli amici.

Nel tuo diario di bordo, scrivi tutte le paure che hai identificato finora. Sii specifico con le tue paure, così puoi preparare obiettivi specifici che potresti raggiungere. Prepara degli obiettivi per ognuna di queste paure e ansie.

Questi due termini sono collegati, quindi puoi creare un obiettivo per entrambi.

Esempio

Quando hai paura delle altezze, le tue ansie sarebbero: hai paura di cadere, hai paura di saltare, e così via. Pertanto, puoi creare un obiettivo per la tua paura e le tue ansie perché si riferiscono alla stessa paura.

Obiettivo a lungo termine

Alla fine della terapia, sarei in grado di salire le scale degli edifici senza assistenza.

Potresti anche creare obiettivi a breve termine per essere in grado di monitorare rapidamente i tuoi progressi.

Esempio

Alla fine di 1 mese, sarei in grado di

- Esprimermi con la mia famiglia e gli amici più stretti.
- Socializzare con 10 persone nella mia cerchia.
- Restare in spazi aperti per 1 ora.

Puoi adattare il metodo che ti è più comodo. Ricorda che il punto finale è che tu elimini i tuoi pensieri disfunzionali/pensieri automatici a favore di pensieri più realistici e positivi.

Come attuare i tuoi obiettivi per gestire la paura e l'ansia

Ci sono dei passi che devi seguire, in modo da poter monitorare facilmente i tuoi progressi.

Puoi iniziare gestendo la paura che è più facile da conquistare. Dopo aver conquistato quella paura, puoi procedere con le altre paure che vuoi superare.

1. Identifica le tue paure

Nel tuo diario di bordo, prendi nota delle paure che hai elencato lì. Crea una nuova tabella e scrivile una per una.

2. Identifica i passi che devi attuare

Identifica i passi che devi attuare per vincere le tue paure. Quali passi specifici dovresti fare per raggiungere questo obiettivo? Dovresti preparare dei passi che puoi eseguire da solo. I passi dovrebbero essere in ordine cronologico.

3. Identificare meccanismi di coping efficaci per ciascuna delle tue paure

Quali meccanismi o strategie di coping possono essere efficaci per ciascuna delle tue paure? Questi possono essere diversi da persona a persona. Così, può essere d'aiuto, se escogiti i tuoi meccanismi di coping da solo. Questo perché hai un'idea - più o meno - di quali possono essere efficaci o meno per te. Inoltre, usa tutte le risorse utili.

Se non riesci a trovare dei meccanismi di coping, puoi sperimentare e scoprire cosa funziona meglio per te. Continua a esplorare strategie fino a quando non trovi un meccanismo di coping che possa funzionare per te.

4. Valutare i risultati.

Dopo aver implementato i meccanismi di coping puoi valutare i risultati se c'è un cambiamento nel grado di ansia per ciascuna delle tue paure. Quale meccanismo di coping ha funzionato efficacemente? Cosa non ha funzionato? Cosa faresti in modo diverso la prossima volta?

Inizia con la paura che per te è più facile da gestire. Poi, gradualmente, affronta le altre paure. Devi conquistare le tue paure una alla volta, in modo da poterti concentrare. Sarebbe difficile affrontare tutte le tue paure contemporaneamente.

Le tue reazioni attese alle situazioni temute possono essere uno qualsiasi dei seguenti comportamenti di sicurezza:

Evitare le situazioni temute - invece di essere ansioso, cerchi di evitare tali situazioni. Questo può essere un male perché non puoi evitare la tua paura per sempre. Devi esporti, gradualmente. Puoi farlo, basta essere persistente.

Cercare rassicurazioni dagli altri - puoi sempre correre dalla tua famiglia e dai tuoi amici per essere rassicurato, ma non saranno sempre disponibili per te. Arriverà un momento in cui ti lasceranno, e allora dove andrai? Con la guida di questo libro, puoi sconfiggere la tua paura per sempre.

Cerca invece rassicurazioni da te stesso e tutto andrà bene.

Eccesso di preparazione - controlli ripetutamente per assicurarti che tutto sia in ordine. Stai esagerando, stressando tutti. Puoi controllare due volte la tua preparazione, ma farlo più volte è esagerato.

Controllati nell'esagerazione. Non essere uno schiavista.

Procrastinazione - procrastini perché hai paura che la tua paura si avveri. Ma attenzione, solo alcune delle tue paure si avvereranno. Non torturarti con i tuoi pensieri disfunzionali.

Perfezionismo - non vuoi che qualcosa vada storto, quindi vuoi che tutto sia perfetto. Niente è perfetto in questo mondo. Quindi, allenta la presa sulla tua paura.

Trovare dei meccanismi di coping

Nei meccanismi di coping, puoi fare un brainstorming per ottenere tutte le idee possibili. Non filtrare nessuna idea. Scrivile tutte. Ciò che può sembrare un'idea irrilevante potrebbe in realtà essere il meccanismo di coping che può funzionare in seguito.

Esplora tutti i meccanismi di coping che ti sono venuti in mente e sperimentali uno per uno.

Esposizione graduale

Puoi anche fare un'esposizione graduale. Man mano che ti esponi alle tue paure, puoi alla fine conquistarle. Questo metodo può aiutare a curare le tue paure e fobie.

Passi dell'esposizione graduale

1. Psiche ti conferma positivamente a te stesso che la tua fobia è innaturale. Finché non sei sicuro del tuo stato mentale, non tentare di esporti.
2. Affronta la tua paura gradualmente. Fallo lentamente.

Esempio:

Hai paura di camminare sulle strade laterali

Per il primo giorno, puoi stare in piedi sulla strada laterale per qualche minuto. Osserva il tuo comportamento. Riformula la tua mente che non c'è niente di male nel camminare sulle strade laterali.

Il secondo giorno, puoi fare qualche passo in avanti. Cammina per quella lunghezza di strada, avanti e indietro. Fallo diversi giorni fino a quando il tuo comportamento non sarà più estremo. Puoi chiedere a qualcuno di accompagnarti.

Il terzo giorno, puoi aumentare la distanza. Fallo finché il tuo comportamento non diventa normale.

Auto-rilassamento

Puoi calmare te stesso attraverso l'autopsia. Puoi dire a te stesso parole tranquillizzanti e parole di incoraggiamento per eliminare i pensieri negativi.

Nelle risposte di allarme, si stabilisce quanto segue.

1. La tua percezione della minaccia - se la minaccia è esterna, interna o semplicemente condizionata, puoi averne preso coscienza. Quindi, un pulsante di allarme viene premuto nella tua testa.

2. La tua valutazione della minaccia - sei in grado di valutare correttamente la minaccia? Diciamo che sei minacciato da un fiume in piena. Il fiume minaccia il tuo domicilio? Quanto è alto? Quanto è forte la corrente?

3. Risposta fisiologica ed emotiva - andreste in iperventilazione per la paura. La tua pressione sanguigna si alzerebbe e le tue pulsazioni si accelererebbero. I tuoi ormoni di emergenza, come l'epinefrina, saranno anche aumentati nella secrezione. Questo ormone aumenterà ulteriormente la tua glicemia e i tuoi muscoli diventeranno più forti. Il corpo risponde ai tuoi pensieri. Poiché pensi che ci sia una minaccia, la fisiologia del corpo reagisce. Puoi anche ammalarti se la tua mente non smette di pensare che esista una minaccia.

4. Risposta comportamentale - Puoi scappare dal fiume in piena e gridare aiuto. Puoi anche

salire in luoghi più alti per assicurarti di non essere spazzato via dalla forte corrente.

In questo caso, il tuo comportamento è stato dettato dalla tua mente.

Per quanto tempo userai i gradini e il tavolo?

Non c'è un limite. Puoi usarli tutte le volte che puoi. Dovresti usarla per conquistare una particolare paura alla volta, finché non hai conquistato tutte le tue paure. Puoi modificare i passi o il meccanismo di coping in base alla tua valutazione di ciò che ha funzionato e ciò che non ha funzionato dalla tua prima esposizione.

Puoi eseguire nuovamente i passi, omettendo le strategie che non hanno funzionato e includendo quelle che hanno funzionato, e nuove strategie per vedere se funzionano. È un ciclo continuo che puoi fare più e più volte finché non trovi i passi e i meccanismi di coping perfetti per quella particolare paura.

Quando sarai in grado di conquistare la tua paura minore, potrai procedere con le altre paure, fino a quando sarai in grado di gestire tutte le tue paure. Quindi inizia dalla paura che ha la minore entità e finite con la paura che ha la maggiore entità di minaccia.

CAPITOLO 9: FERMARE I PENSIERI NEGATIVI E L'ANSIA CON LA CBT

Liberarsi del pensiero negativo e dell'ansia è più facile a dirsi che a farsi. Di fatto, gli studi rivelano che anche se si dice alle persone di evitare di pensare troppo a un argomento specifico, diventa ancora più difficile eliminare il modello di pensiero dalla loro mente.

Tuttavia, indulgere nel pensiero negativo e ripetere i pensieri più e più volte nella tua testa potrebbe essere controproducente e scomodo. In alcuni casi, potrebbe persino sfociare in una depressione cronica.

La CBT può aiutarvi ad allontanarvi dal rimanere troppo sul pensiero negativo rifocalizzando la tua mente su qualcosa di positivo. Attraverso una serie di sessioni di terapia, chiunque sia pesantemente colpito dal pensiero negativo può beneficiare del ricablaggio del cervello.

La maggior parte delle persone che sperimentano l'ansia o la depressione causate dal pensiero negativo dovrebbero provare la CBT in modo che i problemi possano essere affrontati immediatamente. Gli studi suggeriscono che le persone depresse di solito non rispondono bene alle tecniche di auto-aiuto. Quindi, si raccomanda di frequentare le sessioni di CBT per almeno sei settimane. Uno specialista di CBT può insegnare alcune tecniche che potrebbero aiutare a contrastare i modelli di pensiero negativi associati alla depressione.

Identificare il problema alla radice che causa il pensiero negativo

È importante trovare il problema e fare un brainstorming per le possibili soluzioni. Parlare con uno psicoterapeuta e tenere un diario potrebbe aiutare a scoprire la radice del pensiero negativo.

Scrivi ogni idea che hai in mente. Pensa alle cose che ti danno fastidio e trova il modo di affrontare il problema. La mancanza di speranza è un marchio di fabbrica della depressione. È la convinzione che nulla può essere migliore. Fare una lista di cose che puoi fare per migliorare la tua situazione attuale potrebbe aiutarti a ridurre la sensazione di disagio. Per esempio, se stai combattendo la depressione, ci sono molte cose che puoi fare come adottare un animale domestico, iscriverti a un club locale basato sui tuoi interessi, fare volontariato a un ente di beneficenza che ti interessa e molto altro ancora per evitare di sprofondare sempre più in essa.

Tieni un diario per aiutarti a combattere il pensiero negativo

Dopo aver determinato i fattori scatenanti e aggravanti della tua depressione, il passo successivo è quello di essere vigile sui cattivi pensieri che spesso si affacciano nella tua testa per sopraffare quelli positivi.

Nel tuo diario, prova a scrivere una dichiarazione di sé per combattere ogni pensiero negativo. Prendi nota delle tue auto-dichiarazioni e leggile a te stesso ogni volta che sei tirato giù dai tuoi pensieri negativi. Andando avanti con questa disciplina, alla fine svilupperai nuove associazioni che sostituiranno i pensieri negativi con quelli positivi.

Ma dovresti ricordare che le auto-dichiarazioni non devono essere troppo lontane dai pensieri negativi, perché la mente potrebbe non essere in grado di accettarle. Per esempio, quando il pensiero negativo è "Sono così triste oggi" non dovreste cercare di combatterlo con. "Oggi sono davvero felice". Sarebbe solo una completa bugia. Una migliore affermazione di sé sarà: "Va bene essere tristi. Questa è solo un'emozione. Anche questo passerà. E domani sarà un giorno migliore".

Questa affermazione implica che va bene sbattere il livello di gioia che puoi provare e la tua mente sarà sotto controllo per salvaguardarvi dalla delusione. È salutare riconoscere la parte del nostro corpo e della nostra mente che stanno cercando di aiutarci a far fronte alle emozioni negative.

Imparare ad accettare le delusioni

È fondamentale accettare le delusioni come parte

della nostra vita. Il modo in cui rispondiamo potrebbe influenzare la facilità con cui possiamo andare avanti. Un adolescente che sta attraversando una brutta rottura può dare la colpa a cose banali come una semplice acne, pensando: "Non ha senso cercare di essere bello. Non piacerò a nessuno".

Un approccio migliore è permettere a se stessi di sperimentare la delusione e ricordarsi che ci sono cose che sono fuori dal nostro controllo. Concentrati invece sulle cose che puoi controllare. Prendi nota dei dettagli della tua situazione attuale, delle lezioni che hai imparato dall'esperienza e di ciò che potresti fare diversamente la prossima volta. Questo potrebbe aiutarti ad andare avanti e ad essere più positivo sul tuo futuro.

Cerca nuove opportunità per il pensiero positivo

Anche coloro che entrano in una stanza e pensano immediatamente di odiare l'arredamento possono probabilmente ricablare il loro cervello per trovare almeno tre cose nella stanza che gli piacciono. Una tecnica semplice è quella di impostare un promemoria telefonico almeno tre volte al giorno per ricablare i tuoi pensieri per il pensiero positivo. Se hai una famiglia o un amico che ha anche bisogno di gestire il suo pensiero negativo, puoi scegliere di fare squadra e guardarti a vicenda. In questo modo, il tuo gruppo può condividere i tuoi pensieri e le tue esperienze.

Riflessione serale

Puoi anche combattere il pensiero negativo riflettendo sulle parti migliori che sono successe ogni giorno. Idealmente, puoi scrivere nel tuo diario le cose di cui sei grato. Tenere traccia dei tuoi pensieri positivi, e anche condividere questi pensieri con i tuoi cari potrebbe aiutarti a sviluppare nuove associazioni nella tua mente per costruire nuovi percorsi. Con questa tecnica, puoi svegliarti la mattina sentendoti rinfrescato e pronto a superare qualsiasi sfida della giornata.

Come la CBT può aiutarvi a gestire il disturbo d'ansia

Se la tua vita è pesantemente influenzata da fobie invalidanti, preoccupazioni incessanti, pensieri ossessivi o attacchi di panico, potresti soffrire di un disturbo d'ansia. Attraverso la CBT, puoi gestire i problemi d'ansia sfruttando la tua mente per conquistare le tue paure e prendere il controllo della tua ansia. Prima di discutere ulteriormente la CBT e come può aiutarti a ottenere sollievo da troppe preoccupazioni, cerchiamo prima di capire il disturbo d'ansia.

Cos'è il disturbo d'ansia?

Il disturbo d'ansia è uno dei disturbi mentali più comuni ed è caratterizzato da paura, preoccupazione e sentimenti di disagio. Anche se gli esseri umani hanno la tendenza naturale a sentirsi ansiosi, un individuo con un disturbo d'ansia potrebbe sperimentare livelli scomodi di ansia che di solito è oltre la ragione.

Per esempio, un uomo medio può sentirsi preoccupato prima di andare a un colloquio di lavoro, ma una persona che ha un disturbo d'ansia può sentirsi preoccupata ogni volta che va al lavoro. Si ritiene che questa condizione sia sottodiagnosticata. Più spesso che no, coloro che soffrono di disturbo d'ansia non sono consapevoli di avere una malattia curabile.

Gli individui che stanno vivendo il disturbo d'ansia soffrono anche di condizioni di salute mentale correlate come la depressione. Se non trattata, la condizione potrebbe portare all'autolesionismo e persino al suicidio.

I sintomi del disturbo d'ansia variano a seconda del tipo di malattia, ma la condizione è generalmente caratterizzata dall'incapacità di dormire bene, irritabilità, incapacità di concentrarsi, un senso di pericolo imminente o di sventura e sintomi fisici come palpitazioni, sudorazione o tensione muscolare. Quelli con il disturbo d'ansia tendono anche a sperimentare sentimenti di impotenza e inquietudine.

Il disturbo d'ansia è anche caratterizzato dall'incapacità della persona di svolgere le sue attività quotidiane. Coloro che soffrono di questa condizione hanno spesso una ridotta qualità della vita.

Forme specifiche di disturbo d'ansia sono incluse nell'aggiornato Manuale diagnostico e statistico dei disturbi mentali. (DSMMD). Questo include il disturbo ossessivo-compulsivo (OCD), il disturbo d'ansia generalizzato, il disturbo di panico, il disturbo da stress post-traumatico, l'agorafobia, il disturbo d'ansia sociale e anche la semplice fobia.

Il disturbo d'ansia sociale è il tipo più comune di disturbo d'ansia e i sintomi di solito si manifestano prima dei 20 anni. Le fobie comuni - come la paura degli scarafaggi - sono anche abbastanza tipiche con più di 1 persona su 10 che soffre di una fobia specifica.

Per il trattamento del disturbo d'ansia, gli studi rivelano che la terapia è spesso una delle tecniche più efficaci. Questo perché la terapia - non simile alla maggior parte dei farmaci - può trattare oltre i sintomi del disturbo. La CBT può aiutarti a scoprire le cause più profonde delle tue paure e preoccupazioni, ad acquisire una nuova prospettiva sulle cose, a imparare come essere calmi in mezzo agli attacchi di panico e a costruire migliori capacità di risoluzione dei problemi e di coping. La CBT può fornirti gli strumenti per aiutarti a gestire il tuo disturbo d'ansia.

Ci sono diverse forme di disturbo d'ansia e la CBT può essere personalizzata in base a preoccupazioni e sintomi specifici. Se stai sperimentando attacchi di panico, per esempio, il tuo trattamento CBT sarà molto diverso rispetto a qualcuno che ha un disturbo ossessivo-compulsivo.

Inoltre, la durata del trattamento dipenderà anche dalla forma e dall'intensità del tuo disturbo d'ansia. Tuttavia, la maggior parte delle tecniche CBT per il disturbo d'ansia sono abbastanza a breve termine. Infatti, l'American Psychological Association prescrive solo da 8 a 10 sessioni di CBT per le persone che hanno disturbi d'ansia.

Molte forme diverse di trattamenti sono utilizzate per

il sollievo dal disturbo d'ansia. Tuttavia, le tecniche principali sono la CBT e altri trattamenti correlati come la terapia di esposizione. Ogni trattamento può essere usato come terapia indipendente o come parte di un regime.

La CBT è una forma comune di trattamento spesso prescritta alle persone che soffrono di disturbi d'ansia. La ricerca rivela che la CBT è un approccio efficace nel trattamento del disturbo d'ansia generalizzato, del disturbo d'ansia sociale, delle fobie e del disturbo di panico tra le altre condizioni di salute mentale. La CBT può affrontare distorsioni e modelli negativi nel modo in cui percepiamo il mondo e la nostra immagine.

Ricorda, il concetto fondamentale della CBT è che la nostra mentalità - non il nostro ambiente - può influenzare le nostre emozioni. Per dirla semplicemente, non è la nostra circostanza attuale che stabilirà come ci sentiamo, ma come percepiamo la situazione. Per esempio, diciamo che sei stato selezionato per presentare un discorso di vendita a un cliente importante. Lavora su almeno tre approcci diversi nel pensare all'opportunità e come i tuoi pensieri potrebbero influenzare il modo in cui ti senti.

Scenario: Devi presentare un importante discorso di vendita

1. L'opportunità è eccitante. Mi piace parlare con un cliente che ha davvero bisogno del nostro servizio. Emozioni: Eccitato, Felice
2. Le presentazioni non sono il mio campo. Preferisco rimanere in ufficio e preparare la relazione per qualcun altro che è più bravo di

me a parlare davanti alla gente. Emozioni:
Neutrale

3. Non so cosa dire. E se rovino la presentazione?
Il mio capo mi odierà. Emozioni: Apprensione

Come si può notare, individui diversi potrebbero provare emozioni diverse dalla stessa situazione. Tutto questo può dipendere dalle credenze, dagli atteggiamenti e dalle aspettative di ogni persona. Per coloro che soffrono di disturbi d'ansia, il pensiero negativo potrebbe anche alimentare emozioni negative di paura e ansia. L'obiettivo della CBT è che l'ansia determini e corregga queste credenze e pensieri negativi. L'idea principale è che se si modifica il modo in cui si pensa, si possono anche rimodellare le emozioni.

Tecnica CBT in 3 fasi per sfidare i tuoi pensieri

La ristrutturazione cognitiva - conosciuta anche come sfida dei pensieri - è un processo CBT in cui è necessario sfidare i pensieri negativi che alimentano solo la tua ansia, e sostituirli invece con pensieri più realistici e positivi. Questo processo comporta tre passi specifici:

1. Identificare i tuoi pensieri negativi Le persone
che soffrono di un disturbo d'ansia
percepiscono le situazioni come più dannose
di quanto siano in realtà. Per esempio, per
qualcuno con la paura dei germi, stringere le
mani è percepito come un'attività ad alto

rischio. Anche se questo è spesso visto come una paura irrazionale, capire questi modelli di pensiero potrebbe essere una sfida. Un modo per aggirare il problema è continuare a chiedersi cosa stavi pensando quando hai iniziato a sentirti ansioso. Il tuo specialista di CBT può aiutarti a completare questo passo.

2. Sfidare il pensiero negativo Successivamente, il tuo specialista CBT ti aiuterà a valutare efficacemente i tuoi pensieri che stanno causando il tuo problema di ansia. Questo può includere lo scrutinio della validità dei tuoi pensieri preoccupanti, la valutazione delle convinzioni che non sono utili, e la verifica della realtà delle previsioni negative. Gli approcci più comuni per sfidare il pensiero negativo implicano il pensare ai cambiamenti reali che ciò che vi preoccupa potrebbe non accadere davvero, confrontare i vantaggi e gli svantaggi dell'ansia, eseguire esperimenti o evitare la causa principale della tua paura.

3. Sostituire il pensiero negativo con un pensiero realistico Dopo aver identificato con successo le distorsioni negative e le previsioni irrazionali nei tuoi pensieri negativi, il passo successivo è sostituirli con nuovi pensieri che siano più positivi e realistici. Il tuo specialista di CBT può anche assisterti nell'elaborazione di affermazioni più accurate e rilassanti che

puoi ripetere a te stesso quando stai per vivere una situazione che di solito ti causa ansia.

Per capire meglio il meccanismo di sfidare i pensieri negativi nella CBT, esaminiamo questo breve esempio:

Betty non vuole continuare a fare jogging perché è preoccupata di come appare quando corre, e pensa che tutti riderebbero di lei. Il suo specialista CBT le ha chiesto di fare una lista dei suoi pensieri negativi, capire le distorsioni cognitive, e lavorare con una dichiarazione più logica. Dai un'occhiata ai risultati:

1. Pensiero negativo: E se sembro stupido quando faccio jogging? 2. Distorsione negativa: Pensare allo scenario peggiore Pensiero più realistico: Nessuno mi ha mai detto che sembro stupido.

2. Pensiero negativo: Se ho un aspetto sciocco, sarà terribile! 3. Distorsione negativa: Ingigantire le cose a dismisura Pensiero più realistico: Lo sto facendo per la mia salute. Non è terribile.

3. Pensiero negativo No: La gente potrebbe ridere di me Distorsione negativa: Saltare alle conclusioni Pensiero più realistico: L'opinione degli altri non è affar mio.

Certamente, può essere impegnativo sostituire i pensieri negativi con modi di pensare più realistici. Il più delle volte, i pensieri negativi sono stati parte della nostra personalità per un lungo periodo di tempo. Di solito ci vuole tempo e sforzo per cambiare questa abitudine. Questo è il motivo per cui la CBT comprende anche passi che si possono fare a casa come imparare a riconoscere se si è preoccupati e come ci si sente fisicamente e imparare tecniche di rilassamento e abilità di coping per combattere il panico e l'ansia.

Terapia di esposizione per il disturbo d'ansia

Tendiamo ad evitare l'ansia perché è piuttosto sgradevole. Uno dei modi più comuni in cui le persone lo fanno è evitare certe situazioni che le fanno sentire ansiose. Se si ha paura degli scarafaggi, si può passare il tempo a pulire la casa per evitare di incontrare l'insetto. O se si sente ansioso di parlare in pubblico, può dire di no a una presentazione importante che potrebbe portare alla sua promozione al lavoro. A parte il fattore dell'inconveniente, il problema principale nell'evitare le paure è che potresti non avere mai l'opportunità di sfidarle. Di fatto, evitare le cose di cui si ha paura potrebbe solo rafforzare la paura.

Come suggerisce il nome, la terapia di esposizione è una forma di CBT che ti esporrà a certi oggetti o situazioni di cui hai paura. Il concetto è che attraverso una serie di esposizioni, si può sentire un crescente senso di controllo su una situazione e, di conseguenza, la tua ansia potrebbe diminuire.

Questo viene spesso fatto in due modi. In primo luogo, si può affrontare la situazione nella vita reale. In secondo luogo, il tuo terapeuta ti chiederà di pensare ad una situazione spaventosa. Questa forma di terapia potrebbe essere usata come trattamento a sé stante, o potrebbe essere fatta come parte di una sessione di CBT.

Desensibilizzazione sistematica

Affrontare la tua più grande paura a testa alta potrebbe essere un'esperienza traumatica, quindi la terapia di esposizione spesso inizia con uno scenario che è leggermente traumatizzante. Questo processo è noto come desensibilizzazione sistematica, che ti permetterà di affrontare gradualmente le tue paure, imparare abilità per controllare il panico e costruire la fiducia. Dai un'occhiata a un esempio di progressione qui sotto:

Come affrontare la paura delle altezze - Esposizione al bungee jumping

1. Guarda le foto di luoghi popolari per il bungee jumping
2. Guarda un video di una persona che fa un bungee jumping
3. Trova il più vicino punto di bungee jumping nella tua zona
4. Impara come eseguire correttamente e in sicurezza un bungee jumping
5. Chiedi a qualcuno di accompagnarti
6. Vai al punto in cui eseguirai il bungee jumping

7. Assicurati che gli attrezzi di sicurezza siano al loro posto

8. Chiudi gli occhi e fai un respiro profondo

9. Festeggia il successo saltando

10. Ripetere un'altra volta

Ci sono tre parti nella desensibilizzazione sistematica:

1. Padroneggiare le abilità di rilassamento

Il tuo specialista CBT ti insegnerà a rilassarti attraverso la respirazione profonda o il rilassamento muscolare progressivo. Puoi praticare questo a casa o durante la sessione. Quando cominci ad affrontare le tue paure, puoi usare questa strategia di rilassamento per diminuire la tua risposta fisica all'ansia (iperventilazione o tremore) e permetterti di rilassarti.

2. Creare una lista

Devi fare una lista di almeno 10 situazioni spaventose che potrebbero aiutarti ad andare avanti verso il tuo obiettivo finale. Per esempio, se il tuo obiettivo finale è quello di superare la tua paura delle altezze, potresti iniziare guardando i luoghi famosi per il bungee jumping e finire con il fare effettivamente un bungee jumping. Ogni passo deve essere il più specifico possibile con obiettivi effettivamente misurabili.

3. Lavorare attraverso i passi

Con la supervisione di uno specialista CBT, è necessario iniziare a lavorare sulla lista. L'obiettivo qui è quello di rimanere in ogni scenario spaventoso fino a quando la paura svanisce. Con questo, imparerai che le sensazioni non ti faranno male e tenderanno ad andare via.

Ogni volta che l'ansia diventa troppo opprimente, puoi passare alla tecnica di rilassamento che hai imparato. Dopo esserti rilassato di nuovo, potresti rifocalizzarti di nuovo sulla situazione. Attraverso questo, si può lavorare attraverso ogni passo fino a quando si può completare la lista senza sentire i cattivi effetti dell'ansia.

Altre terapie consigliate per il disturbo d'ansia

Oltre alla CBT, potresti anche voler esplorare altre terapie raccomandate che hanno lo scopo di fornirti un sollievo generale dallo stress e aiutarti a raggiungere un buon benessere emotivo.

Tecniche di rilassamento

Una volta eseguite regolarmente, le tecniche di rilassamento come la visualizzazione, la respirazione controllata, il rilassamento muscolare progressivo e la meditazione mindfulness potrebbero ridurre l'ansia e aumentare il rilassamento, oltre a promuovere emozioni sane.

Esercizio

L'esercizio fisico è un ansiolitico naturale e un anti-stress. In base agli studi, almeno 30 minuti di esercizio da 3 a 5 volte alla settimana potrebbero portare a risultati considerevoli nell'alleviare l'ansia. Per ottenere il massimo beneficio, cerca di fare almeno un'ora di esercizio aerobico nella maggior parte dei giorni della settimana.

Ipnosi

L'ipnosi è spesso usata in combinazione con la CBT per il trattamento del disturbo d'ansia. Mentre sei in uno stato di profondo rilassamento, il tuo terapeuta può usare varie tecniche terapeutiche per aiutarti ad affrontare le tue paure e anche ad acquisire nuove prospettive.

Biofeedback

Attraverso sensori che potrebbero misurare specifiche funzioni fisiologiche come la tensione muscolare, la respirazione e la frequenza cardiaca, il biofeedback potrebbe permetterti di imparare a distinguere la risposta all'ansia del tuo corpo e imparare modi per controllarla attraverso specifiche tecniche di rilassamento.

Come rendere proficua la terapia dell'ansia

Ricorda, non esiste un incantesimo magico o una pozione che puoi bere per far sparire la tua ansia in pochi secondi. Il trattamento per il disturbo d'ansia richiede tempo e impegno. Si tratta di affrontare le tue paure invece di stare lontano da esse, quindi ci sono momenti in cui potresti sentirti peggio prima di provare sollievo. Ciononostante, devi attenerti al piano di trattamento e seguire i consigli del tuo terapeuta. Quando sei sopraffatto dalla progressione del recupero, ricorda solo che la terapia per l'ansia è più efficace per il successo a lungo termine. Puoi raccogliere ricompense a lungo termine, purché tu faccia la tua parte.

È anche possibile per te sostenere la tua terapia per l'ansia attraverso scelte positive. Questo riguarda tutto, dal tuo livello di attività alla tua vita sociale che potrebbe influenzare l'ansia. È possibile impostare la piattaforma per il successo prendendo una decisione più proattiva per promuovere una visione mentale positiva, vitalità e relax nella tua vita quotidiana.

Vivere uno stile di vita sano

Stile di vita Qualsiasi stress fisico potrebbe alleviare l'ansia e la tensione, quindi assicurati di avere tempo per un regolare esercizio fisico. Non usare mai droghe o alcol per far fronte ai sintomi della tua ansia, e stai lontano dagli stimolanti come la nicotina e la caffeina che possono peggiorare il tuo disturbo d'ansia.

Evita i fattori di stress della tua vita

Valuta la tua vita per lo stress ed esplora modi per ridurre la tensione. Stai lontano dalle persone che potrebbero renderti ansioso e rifiuta altri obblighi. Consenti attività di divertimento e relax nel tuo programma quotidiano.

Coltiva le tue relazioni

L'isolamento e la solitudine possono creare il presupposto per l'ansia. Riduci la tua esposizione connettendoti con le persone a cui tieni. Assicurati di vedere regolarmente i tuoi amici, fai volontariato nelle organizzazioni e condividi le tue preoccupazioni con una persona cara a cui tieni veramente.

Per saperne di più sull'ansia

Per combattere l'ansia, è fondamentale comprendere appieno il problema. È qui che entra in gioco l'apprendimento. Leggere da solo non curerà il disturbo d'ansia, ma potrebbe aiutarti a fare in modo di ottenere il massimo dal tuo trattamento.

CAPITOLO 10: COME SUPERARE LE CATTIVE ABITUDINI

Gli psicologi si riferiscono alle abitudini come al modo in cui il nostro cervello fa funzionare il pilota automatico. Le abitudini ci aiutano a prepararci per il lavoro, a trovare la strada per il nostro posto di lavoro e ad andare a casa senza il bisogno di reinventare la ruota ogni giorno. Possono farci risparmiare tempo ed energia, a meno che l'abitudine non stia contribuendo alla nostra crescita come esseri umani - queste abitudini dannose includono mangiare popcorn a mezzanotte o mangiarsi le unghie.

Come si formano le abitudini

Per capire meglio perché alcune abitudini potrebbero essere difficili da cambiare, gli psicologi dell'Università della California hanno condotto dei test sui topi e hanno scoperto che i circuiti del cervello responsabili della formazione dei nostri obiettivi e delle nostre abitudini sono in competizione tra loro nella parte del cervello che prende le decisioni.

Secondo Christina Gremel, ricercatrice dell'Università della California a San Diego, sostanze neurochimiche note come endocannabinoidi permettono all'abitudine di prendere il sopravvento agendo come una sorta di freno sul circuito del cervello che è diretto all'obiettivo. Il nostro corpo produce naturalmente endocannabinoidi con recettori sparsi nel cervello e nel corpo. Questo processo è coinvolto in diversi processi fisiologici come la memoria, l'umore, la sensazione di dolore e l'appetito.

Gli studi iniziali rivelano anche che c'è una parte specifica del cervello che trasmette messaggi diretti all'obiettivo. Questo è noto come la corteccia orbitofrontale (OFC). Durante gli esperimenti, quando i ricercatori hanno aggiunto l'intensità dei neuroni in questa zona attraverso l'optogenetica - una tecnica di laboratorio che utilizza lampi di luce, anche le azioni dirette all'obiettivo si sono intensificate. E quando i ricercatori hanno diminuito l'intensità dell'OFC usando la stessa tecnica, i topi di laboratorio hanno agito sulla loro abitudine formata.

Ci dovrebbe essere un buon equilibrio tra le azioni dirette all'obiettivo e quelle abituali nella gestione dei compiti e nel funzionamento quotidiano. Attraverso le nostre abitudini, possiamo essere più efficienti e veloci nei nostri compiti quotidiani. Ma sperimentiamo anche il cambiamento delle abitudini e richiediamo la capacità di rompere le abitudini e fare un'azione diretta all'obiettivo che sia basata su informazioni aggiornate.

Per esempio, quando dobbiamo andare in un posto di

lavoro per la prima volta, il nostro cervello passa dall'abitudine all'azione orientata all'obiettivo. La decisione di cambiare un'abitudine dipende anche dall'azione orientata all'obiettivo fin dall'inizio. I topi sani non hanno avuto problemi a passare da un'azione all'altra. Tuttavia, gli psicologi suggeriscono che le persone che soffrono di disturbi mentali come la dipendenza da sostanze o il disturbo ossessivo-compulsivo potrebbero avere impedimenti fisici che inibiscono il comportamento orientato all'obiettivo. Un modo per cambiare le cattive abitudini è attraverso la CBT.

Sei passi per rompere le cattive abitudini attraverso la terapia cognitivo-comportamentale

Ricorda, le abitudini sono in realtà comportamenti che abbiamo imparato nel tempo. Quindi, possiamo disimparare queste abitudini diventandone consapevoli ed essendo persistenti nel cambiare i nostri modi.

Più ci arrendiamo alle nostre abitudini, più queste diventano forti e radicate nel nostro sistema. Ma ogni volta che proviamo a fare qualcosa di diverso dalle nostre abitudini, queste saranno più deboli e il nuovo comportamento finirà per diventare più forte man mano che lo si pratica. La CBT offre un approccio passo dopo passo per rompere le cattive abitudini:

Passo 1 - Decidere di prendere la decisione oggi

Il primissimo passo per rompere la tua abitudine è

prendere la decisione di fare qualcosa riguardo alla tua cattiva abitudine. È cruciale prendere la decisione oggi, non domani, perché questo rafforzerà in voi la determinazione a cambiare. Una volta che hai pensato ai danni causati dall'abitudine, sarai più spinto a fare qualcosa al riguardo.

Inoltre, è anche fondamentale concentrarsi sui benefici che si possono ottenere quando si ha successo nel rompere l'abitudine. Pensa allo scenario peggiore di continuare con l'abitudine e questo potrebbe spingerti ad agire. Potresti anche decidere di abbandonare l'abitudine proprio in questo primo passo. Ci sono persone che hanno sviluppato la cattiva abitudine di controllare la loro posta elettronica ogni cinque minuti al punto che è diventato controproducente. Quando si diventa più consapevoli del perché si ha bisogno di cambiare questa abitudine, diventa più facile cambiare.

Passo 2 - Praticare la consapevolezza

Per porre fine a una cattiva abitudine, devi prima diventare consapevole e accettare il fatto che la tua abitudine è dannosa per te stesso come persona. Devi anche accettare la realtà che solo tu puoi fermarla. È essenziale che tu sia consapevole degli svantaggi che derivano dall'attaccarsi alla tua cattiva abitudine.

Per esempio, se guardi costantemente Netflix anche in una serata di lavoro, devi pensare alle circostanze che ti spingono a passare innumerevoli ore a guardare spettacoli che potrebbero non contribuire al tuo benessere.

Come ti senti quando ti svegli la mattina dopo una notte passata a guardare un'intera stagione?

È fondamentale tenere traccia della tua abitudine e conoscere le circostanze e la frequenza in cui sei solito impegnarti in queste abitudini. Per esempio, se ti mangi le unghie, lo fai quando sei a casa o al lavoro? Inoltre, prendi nota della tua emozione quando fai questa abitudine.

Studia attentamente la tua abitudine almeno una volta alla settimana. Facendo questo, puoi vedere una tendenza emergente e puoi scoprire gli antecedenti del comportamento. Identifica le cose che potrebbero scatenare la tua abitudine. Quali sono i fattori ambientali che ti spingono a tuffarti nella tua cattiva abitudine? Facendo attenzione alle tue cattive abitudini, la frequenza diminuisce, il che è un passo importante per fare il tanto necessario cambiamento.

Troverai una discussione dettagliata sulla Mindfulness nel prossimo capitolo, così come alcuni esercizi che potrebbero aiutarti a diventare più attento.

Passo 3 - Usare le strategie CBT per cambiare l'abitudine

Prendi nota che il concetto fondamentale nella CBT ruota intorno ai nostri pensieri, alle nostre emozioni e al nostro comportamento. Il modo in cui pensiamo influenzerà il modo in cui ci sentiamo e agiamo. Quindi, la CBT è una forma efficace di trattamento per fermare le cattive abitudini.

Una strategia efficace della CBT per affrontare le cattive abitudini è la tecnica di base STOP. Una volta che si diventa consapevoli che si sta facendo una cattiva abitudine, è necessario fermarla subito dicendo letteralmente STOP a se stessi. Alcune persone trovano utile scrivere la parola STOP su un pezzo di carta ed esporla vicino alla loro area di lavoro o in un posto che sia facilmente visibile, in modo da ricordare loro di fermare subito la loro cattiva abitudine. È anche ideale cercare il supporto di una famiglia, un amico o un collega di lavoro che possa osservarti e dirti quando sei di nuovo nella tua cattiva abitudine. Tieni traccia della tua abitudine e cerca di premiarti per aver rotto la cattiva abitudine.

Inoltre, ricorda che non dovrebbe essere facile. Non scoraggiarti anche se ti sembra di non avere successo. È possibile che le tue abitudini possano addirittura peggiorare durante le prime fasi. Questo potrebbe essere perché ora stai cercando di controllare qualcosa che eri abituato a fare automaticamente. È anche possibile che la mindfulness scateni più tensione e ansia e che quindi la frequenza aumenti. Non arrenderti mai, perché questa fase non durerà a lungo.

Passo 4 - Trova nuove alternative alla tua cattiva abitudine

Se la tua cattiva abitudine comporta l'uso della mano, puoi provare a tenere le mani occupate attraverso un'attività alternativa, in modo che ti impedisca di mangiarti le unghie o di tirarti i capelli. Giocare con una pallina anti-stress potrebbe aiutare.

Le donne usano anche prodotti per la manicure o creme per le mani per risolvere le loro abitudini di mangiarsi le unghie, mentre alcuni che si strofinano abitualmente gli occhi si truccano in modo da scoraggiare questa abitudine. Assicurati di essere consapevole dei tipi specifici di sentimenti che ti fanno scattare le cattive abitudini.

Se sai che si tratta di noia, preoccupazione, ansia o tensione, allora prova a fare qualcosa per questo specifico fattore emotivo. Se hai la cattiva abitudine di spettegolare, allora cerca di diventare più consapevole se stai condividendo una storia che non è vera o che non si vuole condividere.

Se tendi ad essere disordinato con la tua stanza, cerca di sviluppare delle abitudini come pulire i banconi dopo esserti versato del latte o aver preparato la cena.

Passo 5 - Sii persistente e controlla i tuoi progressi

Persistenza e coerenza sono due fattori cruciali per rompere una cattiva abitudine. Non raggiungerai mai il tuo obiettivo di cambiare le tue abitudini se lavori duramente per la prima settimana solo per diminuire la tua determinazione dopo alcuni giorni. Dovresti essere persistente e tenere traccia delle tue abitudini.

Rompere una cattiva abitudine, specialmente se l'hai già da anni, potrebbe non essere mai facile. È naturale sentire l'impulso di rinunciare e basta. Tuttavia, devi inculcare nella tua mente che rinunciare non ti aiuterà. Prova a concentrarti sulla ricompensa per tutto il tuo duro lavoro - una salute migliore, diventare più produttivo, o guadagnare più soldi. Tieni il tuo diario delle abitudini e fai attenzione ai momenti in cui ti sorprendi a rifare l'abitudine.

Passo 6 - Affrontare le battute d'arresto

Non esiste una formula magica da seguire o una pozione da bere per eliminare completamente una cattiva abitudine. I comportamenti che si sono appresi per molti anni hanno la tendenza a spuntare le loro brutte teste fino a quando non li si è completamente interrotti. Poiché le abitudini sono abbastanza automatiche, potrebbero riemergere in qualsiasi momento. Quindi, devi sviluppare la consapevolezza (di cui parleremo nei capitoli successivi) e la forza di volontà per rompere completamente queste abitudini ed evitare che riemergano. Quando sperimenti alcune cadute, cerca di scoprire perché è successo e continua a fare i tuoi sforzi per avere successo. Più ci lavori, maggiori sono le possibilità che l'abitudine si interrompa.

È anche utile se inizi a cambiare le cattive abitudini più piccole (tornare a dormire dopo che è suonata la sveglia, mangiarsi le unghie) in modo da poter progredire con le cattive abitudini più grandi (procrastinare, mentire, indebitarsi troppo). Una volta che hai affrontato le tue piccole cattive abitudini, sarai più incline a prendere di petto le sfide più grandi.

Attraverso la CBT, è possibile rompere efficacemente l'abitudine, e si può avere una migliore possibilità di ridurre l'ansia, aumentare la fiducia in se stessi, e vivere una vita migliore. Le cattive abitudini sono il precursore della dipendenza come l'abuso di droghe, il bere o il fumare. Cambiare le cattive abitudini ti permetterà di prenderti cura di te stesso e della tua famiglia.

È fondamentale essere consapevoli delle tue cattive abitudini come picchiettare, mangiarsi le unghie, smorfie del viso, contrazioni, manierismi ripetitivi e pensieri ossessivi. La maggior parte di queste cattive abitudini sono causate da timidezza, passività, rabbia repressa, conflitti irrisolti, depressione, stress cumulativo e tensione interna.

È possibile affrontare le cattive abitudini attraverso la CBT, attraverso i passi che abbiamo discusso sopra. Quando si sperimentano alcuni dei sentimenti che abbiamo discusso in questo libro, è meglio cercare un consiglio professionale in modo da poter affrontare correttamente i sentimenti irrisolti. La CBT è un trattamento di provata efficacia e anche impegnarsi nella mindfulness può aiutare ad alleviare l'ansia e la tensione.

CAPITOLO 11: GESTIONE DELLA RABBIA

La rabbia è un'emozione naturale che tutti proviamo, anche se a volte può essere irrazionale o indesiderata. Gli psicoterapeuti si riferiscono alla rabbia come un'emozione naturale e primaria che si è evoluta come il nostro modo di sopravvivere e proteggerci da ciò che consideriamo ingiusto.

Una rabbia leggera potrebbe sorgere se ci sentiamo irritati, stressati o stanchi. Di solito proviamo queste cose quando i nostri bisogni fondamentali come esseri umani, come cibo, riparo o sonno, non sono soddisfatti o sono compromessi in qualche modo.

Possiamo provare rabbia quando rispondiamo a una minaccia, una critica o una frustrazione. Ma questo non significa che sia una risposta inappropriata o cattiva. Le persone si sentono arrabbiate anche per le azioni, le opinioni e le convinzioni di altre persone, quindi la rabbia potrebbe anche influenzare la nostra capacità di comunicare efficacemente. Questo ci rende più propensi a dire o fare cose irrazionali.

Essere irrazionali o irragionevoli potrebbe portare le altre persone intorno a noi a sentirsi arrabbiate, risentite o minacciate. Tutto ciò può influire sulla nostra salute, poiché può elevare i nostri livelli di stress.

Ci sono casi in cui la rabbia è un'emozione secondaria alla solitudine, alla minaccia, alla paura o alla tristezza. È fondamentale cercare di capire la causa principale della tua rabbia in qualsiasi momento in modo che il problema possa essere affrontato correttamente.

Dovresti anche prendere nota che la rabbia non è un semplice stato d'animo. Può anche innescare cambiamenti fisici come l'ipertensione, l'aumento della frequenza cardiaca, e ormoni elevati come l'adrenalina per preparare il nostro corpo alla risposta di lotta o fuga. A causa di questi effetti fisici, l'esposizione alla rabbia per molto tempo potrebbe essere dannosa per la salute e il benessere.

Come esprimiamo la rabbia

Gli esseri umani possono esprimere la rabbia in modi diversi. Varie forme di rabbia possono influenzare le persone in modi diversi e possono manifestarsi per produrre varie azioni e manifestazioni di rabbia. I segni più tipici della rabbia sono sia non verbali che verbali. Potrebbe essere ovvio che qualcuno prova rabbia in base a ciò che dice o al modo in cui lo dice o dal tono della sua voce. Questa emozione naturale potrebbe anche essere espressa attraverso il linguaggio del corpo e altri segnali non verbali come stringere i pugni, aggrottare la fronte, fissare, cercare di sembrare più grande e intimidatorio. Alcune persone sono abili nell'interiorizzare la loro rabbia e potrebbe essere difficile individuare qualsiasi indicazione fisica.

Per il nostro istinto naturale, spesso usiamo la rabbia come un modo per salvaguardare la nostra specie o il nostro territorio come risposta a possibili pericoli o minacce. Altre ragioni potrebbero essere abbastanza ampie e di solito razionali e a volte irrazionali. La rabbia che è irrazionale potrebbe significare che può essere difficile per te gestire la tua rabbia o anche accettare il fatto che sei arrabbiati. La CBT può essere usata come modo per gestire correttamente la rabbia.

Cinque ragioni importanti per cui dovresti controllare la rabbia

Purtroppo, alcune persone ricorrono alla violenza quando sono arrabbiate, mentre altre hanno imparato a controllare i loro sentimenti. Mentre è normale essere arrabbiati, ci sono diverse ragioni per cui si deve controllare la rabbia.

1. La rabbia può influenzare la salute

Gli effetti tipici della rabbia sulla salute possono includere problemi digestivi, insonnia, depressione e mal di testa. Se una persona è sempre arrabbiata, c'è una maggiore probabilità di ipertensione, infarto e ictus. In uno studio pubblicato nel Journal of the American College of Cardiology, i ricercatori hanno scoperto una connessione tra l'ostilità e la rabbia alle condizioni del cuore. Per le persone che sono sane, potrebbero sorgere problemi di cuore, e per coloro che sono già diagnosticati con disturbi cardiaci, potrebbero sperimentare un maggiore rischio di infarto o ictus.

2. La rabbia può influenzare le relazioni

Le persone che sono sempre arrabbiate tendono a fare cose irragionevoli verso le persone intorno a loro. Di solito, vengono pronunciate parole che possono ferire i sentimenti e queste possono danneggiare le relazioni al di là di ogni riparazione. Questo è il motivo per cui la gente dà consigli su come contare fino a dieci prima di dire qualcosa in preda alla rabbia.

3. La rabbia potrebbe farvi perdere la concentrazione

Quando sei sempre arrabbiato al lavoro, questo potrebbe influenzare significativamente il tuo rendimento e danneggiare il tuo rapporto con i tuoi colleghi. Può persino costarti il lavoro. Quando si è sempre arrabbiati a casa, si perde la possibilità di trascorrere del tempo di qualità con la propria famiglia.

4. Sembrerai più vecchio

Una persona che è sempre accigliata sembrerà più vecchia, letargica e trasuderà un'aura negativa. Nel frattempo, una persona che sorride sempre sembrerà giovane, energica e aperta.

5. La rabbia influenzerà la tua immagine personale

Se sei sempre arrabbiato, questo può influenzare negativamente la tua immagine come individuo. L'ultima cosa che ti piace è essere etichettato dai tuoi colleghi, amici e familiari come una persona tossica e non divertente da frequentare. Presto noterai che troveranno sempre il modo di evitarti.

È vero che la rabbia è un'emozione normale, ma se non controllata, può influenzare la tua vita sociale, la tua salute fisica e il tuo stato mentale. Tuttavia, la rabbia non deve nemmeno essere repressa, perché troppa repressione può scatenare la depressione. Un modo per gestire la rabbia è attraverso la CBT.

Passi nella gestione della rabbia attraverso la CBT

La mancata soddisfazione delle aspettative potrebbe portare alla rabbia. Quando ci aspettiamo che le persone intorno a noi siano giuste e non lo sono, di solito ci sentiamo arrabbiati. Quando ci aspettiamo che i nostri colleghi ci rispettino e non lo fanno, tendiamo ad arrabbiarci.

Ogni volta che c'è un divario tra le nostre aspettative e le cose reali che stanno accadendo, la rabbia potrebbe entrare e riempire questo divario. Ogni volta che qualcuno infrange le regole che abbiamo stabilito, si comporta contro le nostre aspettative o non rispetta un accordo, ci viene presentata l'opzione di arrabbiarci. Possiamo cedere all'emozione o possiamo scegliere di sopprimerla. L'espressione della nostra rabbia dipende dalla nostra scelta.

Attraverso la CBT, puoi gestire efficacemente la tua rabbia, e il primo passo in questo processo è riconoscere la tua scelta. Ci sono molte cose che sfuggono al nostro controllo - le nostre emozioni, le sensazioni fisiche, le tentazioni, le altre persone, il passato, il futuro, o anche il semplice tempo. Ma la chiave nella gestione della rabbia è essere consapevoli della nostra capacità di scegliere come rispondere ai punti di innesco della rabbia.

Possiamo scegliere cosa vogliamo fare nel contesto delle sensazioni, delle emozioni o dei pensieri. Possiamo scegliere come interagire con le persone intorno a noi, cosa imparare dal nostro passato e come rispondere al tempo. Fondamentalmente, possiamo anche scegliere se vogliamo concentrarci su cose che sono al di là del nostro controllo, o su quelle che possiamo controllare.

Una strategia efficace nel riconoscere questa decisione è soppesare i benefici e i costi della risposta alla rabbia. Prova a immaginare qualcuno che sa gestire una forte emozione in un modo che ammiri e rispetti veramente. Chiamiamolo John. Quali tratti del carattere ti vengono in mente per descrivere John? Perdonare? Controllato? Tranquillo? Calmo? Freddo? Assertivo? Indipendentemente dalla parola che scegli, scrivilo. Assicurati solo di scegliere qualcuno di cui ammiri e rispetti veramente il carattere. Dopo questo, prova a rispondere alle quattro domande seguenti:

Quali sono i vantaggi di emulare John?

Quali sono gli svantaggi della rabbia?

Quali sono i costi della rabbia?

Quali sono i vantaggi di essere come John?

Poi, scopri se il costo della rabbia supera i benefici. Sono sullo stesso livello? Il costo della rabbia è più pesante dei suoi benefici?

Usa un numero specifico per descrivere l'analisi costi-benefici: 100 a 0, 90 a 10, 80 a 20, 70 a 30, 60 a 40, 55 a 45, 50 a 50? Ripeti questi passaggi con i benefici e i costi di seguire lo stile di John:

Vantaggi della rabbia

- Potrebbe essere costruttivo
- Permette l'espressione dell'emozione
- Fornisce una spinta

Peso: 20

Svantaggi della rabbia

- Può peggiorare molto la situazione
- Può influenzare la mia salute fisica
- Può farmi male fisicamente ed emotivamente
- Può essere dannosa per me e per le persone intorno a me

Peso: 80

Benefici dell'essere come John

- Non avrò il peso di portare rancore
- Posso rispondere in modo costruttivo
- Posso andare avanti è importante per raggiungere la felicità
- Non risiedo nella rabbia

Peso: 60

Costo di essere come John

- La gente non si preoccuperà di come le cose potrebbero influenzarmi
- La gente probabilmente farà ancora cose che mi infastidiscono
- Potrebbero calpestarmi

Peso: 30

Ricorda, il costo della rabbia è in realtà il costo dell'aggressività. Anche se può essere difficile controllare la nostra rabbia, abbiamo ancora il controllo completo su ciò che possiamo fare con questa emozione.

Possiamo scegliere di essere passivi, aggressivi, arrabbiati-assertivi o passivo-aggressivi. Tutto si riduce alla nostra preferenza. Provare rabbia può facilmente accelerare la nostra risposta alla nostra emozione e può presentare l'illusione di non avere scelta. Eppure dobbiamo rimodellare la nostra vita considerando come decidiamo di affrontare la nostra rabbia.

1. Riconoscere che si è verificata una violazione delle regole

Nel contesto CBT della gestione della rabbia, il primo passo è il riconoscimento di una violazione delle regole. Abbiamo regole specifiche e aspettative che seguiamo per il nostro comportamento personale. Usiamo queste regole anche per aspettarci come dovrebbero comportarsi le persone intorno a noi. Quindi, possiamo anche sentire la pesantezza delle regole stabilite da altre persone. Il risultato è pressione, senso di colpa e rabbia. Hai familiarità con le affermazioni che seguono?

Dovrei avere il pieno controllo di questa situazione.

Ha l'audacia di mostrarsi a me?

Quel ragazzo dovrebbe ascoltarmi!

Mia madre dovrebbe sostenermi in questo.

Molte persone dicono queste cose ad alta voce o internamente. Queste sono solo alcune delle affermazioni che indicano le aspettative. Il problema è che, nella vita reale, le persone non sempre si comportano secondo le nostre aspettative. In effetti, le persone potrebbero essere un ostacolo per noi - le persone non ci ascoltano, e potremmo non avere alcun controllo sugli esiti delle nostre azioni.

È fondamentale che impariamo ad accettare la situazione data: accettare la realtà invece di negarla o desiderare che non esista. Mentre abbiamo il controllo completo sulle nostre scelte, la verità è che abbiamo anche un controllo minimo sulle altre persone.

Quindi, possiamo seguire una via che sia in accordo con i nostri valori fondamentali personali. La sfida è conoscere questi valori specifici. Possiamo identificare i nostri valori a seconda di ciò che ci coinvolge, ci delude e ci fa arrabbiare. In particolare, dovremmo individuare i valori positivi che sono alla base della nostra regola.

Per esempio:

Se una persona dice qualcosa come "Quel ragazzo dovrebbe imparare ad ascoltare", indica che mette in primo piano la cooperazione, la comprensione e/o la comunicazione.

Se una persona dice qualcosa come "Dovrebbe imparare a lavorare con me", potrebbe implicare che dà importanza al progresso, al rispetto e alla libertà.

Non abbiamo il controllo se le altre persone rispondono con rispetto ai nostri valori. Possiamo avere il controllo solo se lo facciamo noi.

È anche fondamentale agire in base ai propri valori. Cerca di pensare a ciò che vuoi a lungo termine e ai passi specifici che puoi fare in questa direzione.

Le persone spesso ignorano le nostre regole e interferiscono con la nostra vita. Quindi, come puoi rispondere in modo costruttivo se ti trovi di fronte a una situazione simile? Puoi rispondere con equità, verità e rispetto. Cerca di diventare la soluzione invece di essere parte del problema.

2. Riconoscere i punti di dolore

Successivamente, dobbiamo valutare i nostri punti di dolore quando le persone violano le nostre regole. Alcune di queste sono regole che costituiscono il nucleo del nostro sé, mentre altre sono ai margini.

Per esempio, una volta che proviamo rabbia, ci si può chiedere: cosa sta veramente causando il tuo dolore? Dopo tutto, la rabbia è spesso causata da cose o persone che riteniamo ingiuste e quindi discutibili o sgradevoli. Questo può riflettere un concetto generale del nostro credo in noi stessi e nelle altre persone che ci circondano.

Alcune persone rispondono alla domanda in questo modo:

- Mi sento debole in questa situazione.
- Mi sento una vittima in questa situazione.
- È insensibile e maleducato.

Una cosa che può essere veramente dolorosa è se non riusciamo a cambiare il comportamento delle altre persone. Tieni a mente che non c'è nessuna prova effettiva che dobbiamo cambiare le persone che dovrebbero essere responsabili delle proprie opinioni, atteggiamenti, comportamenti e credenze.

3. Rifletti sulla tua risposta

Poi, rifletti su come puoi rispondere in modo costruttivo ai tuoi pensieri arrabbiati. C'è una grande differenza tra risposte reattive e riflessive. Per esempio:

Reattivo: *Che idiota!*

Riflessivo: *È solo un essere umano che commette errori.*

Reattivo: *Che maleducato!*

Riflessivo: *Forse sta passando qualcosa di cui non sono a conoscenza.*

4. Rispondere alla rabbia

Il passo successivo riguarda la risposta effettiva alla rabbia. Si può lavorare sulla rabbia attraverso diverse tecniche di rilassamento come ascoltare musica, suonare uno strumento musicale, la visualizzazione o la meditazione mindfulness.

Nel frattempo, altre persone possono anche ridefinire la rabbia stessa, considerando la rabbia come un'energia che può risolvere un problema. Si può usare la rabbia per fare la cosa giusta in nome della morale, dei principi e dei valori che sono importanti per noi. La rabbia può essere un problema se la usiamo per violare i nostri principi. Può diventare parte del problema se la usiamo per trattare le persone intorno a noi in modi che troviamo disgustosi. Può diventare un problema se lo usiamo per alimentare l'aggressività o l'ipocrisia. Ma proprio come Abramo Lincoln era disgustato dalla schiavitù, potremmo usare la rabbia come strumento per un'azione costruttiva basata sui nostri principi.

5. Disinnescare

Una volta imparato come rispondere correttamente alla rabbia, dobbiamo dare un'occhiata più da vicino alle credenze comuni che di solito convertono la rabbia in

aggressività. Il più delle volte si tratta di scuse e raziona-
lizzazioni che potrebbero sostenere un comportamento
dannoso:

- Dannazione! Ho motivi validi per essere
  arrabbiato!
- Non mi interessa. Ha superato il limite!
- Merita uno schiaffo per avermi detto quelle
  parole!

Dobbiamo prendere atto che queste idee sono ingan-
nevoli. Ci illudono di mettere da parte i nostri principi e
di cedere invece al biasimo, alle richieste, al sarcasmo e
alle minacce. Dobbiamo ricordarci dei benefici del perse-
guire la grazia, l'empatia, la comprensione e la pazienza,
così come i costi del cedere alla rabbia.

6. Valutare i comportamenti disfunzionali

Rispondere alla rabbia e scegliere di disimpegnarsi
non è l'ultimo passo nell'uso della CBT per la gestione
della rabbia. Abbiamo anche bisogno di dare un'occhiata
più da vicino a particolari comportamenti, che possono
sorgere. Alcune persone soccombono al desiderio di
sfogarsi - rispondono in modo aggressivo e mettono da
parte il benessere degli altri.

Ma possiamo anche reagire in modo diverso - si può
evitare di alimentare la rabbia. Puoi farlo coltivando la
tua empatia. Prova a considerare i loro punti di vista.
Immagina quello che possono sentire o pensare, e cerca

di vedere davvero le cose dai loro occhi. Questo potrebbe aiutare a ridurre la tua rabbia, a ridurre la rabbia degli altri e ad aumentare le possibilità che le persone ti ascoltino. Potrebbe anche aumentare le possibilità di essere in grado di partecipare a una conversazione più ragionevole.

7. Valutare i risultati

Infine, dobbiamo provare a controllare il senso di colpa e il risentimento. Alcune persone hanno la tendenza a considerare ogni episodio di rabbia come una battuta d'arresto o un fallimento. Tuttavia, ogni episodio di rabbia potrebbe essere usato come un modo per avere successo. La chiave è valutare e intervenire con le cose che potrebbero scatenare la nostra rabbia. Quando diventiamo più familiari con questa pratica, possiamo sperimentare un risveglio della rabbia meno intenso.

I sette passi nella gestione della rabbia CBT indicano punti specifici che possiamo usare per fermare la rabbia. Più spesso che no, siamo più inclini a vedere la rabbia come urgente e così possiamo essere lenti a controllare questa valida emozione umana. Un'altra prospettiva è quella di vedere la rabbia come un'energia potenziale che potrebbe sorgere se le nostre aspettative non incontrano la realtà. Questa è l'energia per gestire questo divario, e abbiamo davvero bisogno di gestire le nostre scelte.

Gestire la rabbia attraverso passi specifici potrebbe permetterci di avere il controllo della situazione, e fornirci più opzioni per la prevenzione e l'intervento.

CAPITOLO 12: CONSAPEVOLEZZA

La mindfulness è una tecnica di base nella psicoterapia che viene usata principalmente per trattare l'ansia, la rabbia, la depressione e altri problemi psicologici. Mentre ha le sue radici nel misticismo delle culture orientali, la scienza ha già studiato molto l'argomento e gli psicoterapeuti raccomandano persino la meditazione mindfulness per gli individui che soffrono di alcuni problemi di salute mentale. Sviluppare la mindfulness è una parte cruciale della CBT, così come della DBT e dell'ACT. Infatti, è uno dei quattro moduli di abilità nella DBT.

Fondamentalmente, la mindfulness è lo stato della nostra mente che può essere raggiunto concentrando la nostra consapevolezza su ciò che sta accadendo nel presente. Comporta anche la calma accettazione dei nostri sentimenti, sensazioni e pensieri.

La sfida di concentrarsi nel presente potrebbe essere banale per alcuni, ma in realtà è più facile a dirsi che a farsi. La nostra mente potrebbe vagare via, perdiamo il contatto con il momento presente, e potremmo anche essere assorbiti da pensieri ossessivi sulle cose che sono successe in passato o preoccuparci del futuro. Ma indipendentemente da quanto la nostra mente si allontana dal presente, possiamo usare la consapevolezza per tornare immediatamente a ciò che stiamo facendo o sentendo.

Anche se è naturale per noi essere consapevoli ogni volta che vogliamo, possiamo coltivarla attraverso efficaci tecniche di ACT che imparerai in seguito.

La mindfulness è solitamente collegata alla meditazione. Mentre la meditazione è un modo efficace per raggiungere la consapevolezza, c'è di più. La mindfulness è una forma di essere presente, che si può usare in qualsiasi momento. È una forma di consapevolezza che si può raggiungere se ci si concentra intenzionalmente sul momento presente senza alcun giudizio.

Elementi di mindfulness

L'attenzione e l'atteggiamento sono i due elementi principali della mindfulness.

Attenzione

Molti di noi soffrono di ciò che è noto come mente scimmiesca, in cui la mente si comporta come una scimmia che oscilla da un ramo all'altro. La nostra mente può oscillare da una parte e dall'altra, e di solito non abbiamo idea di come finiamo per pensare a qualcosa.

La mente scimmiesca di solito si sofferma sul passato, ruminando ciò che è successo o ciò che si pensa sarebbe dovuto succedere se si fosse agito diversamente. Oscilla anche verso il futuro essendo ansiosa su ciò che potrebbe accadere. Nutrire la mente scimmiesca vi ruberà l'esperienza del momento presente.

Ricordati, la consapevolezza è concentrare la tua attenzione su ciò che sta accadendo ora.

Atteggiamento

Sospendere il giudizio e la gentilezza sono i principi fondamentali della consapevolezza. Quindi, una persona veramente consapevole sa accettare la realtà e non si impegna a discutere con essa. Questo può sembrare un compito facile, ma una volta che si inizia a praticare la mindfulness, ci si rende conto di quanto frequentemente giudichiamo noi stessi e i nostri pensieri.

Ecco alcuni esempi di frasi usate per giudicare noi stessi e gli altri:

- Non sono bravo in questo compito.
- La mia camicia fa schifo.
- Non mi piace la mia casa.
- Non mi piace proprio il mio vicino.
- Che cameriera scontrosa.

Mindfulness è anche l'arte di calmare il nostro

giudice interiore. Ci permette di cancellare le nostre aspettative interne e diventare più comprensivi di come sono le cose nel momento presente. Ma prendi nota che questo non significa che non hai bisogno di fare i cambiamenti necessari, e che permetti semplicemente che tutto accada.

Ricordati, stai solo sospendendo il tuo giudizio, in modo da avere più tempo per pensare alla situazione e fare qualcosa al riguardo. La differenza principale è che puoi fare cambiamenti dallo stato mentale ideale per il cambiamento e non durante i momenti in cui sei influenzato dalla tensione o dallo stress.

Inoltre, la mindfulness Ti permetterà di essere più compassionevoli con te stesso, più comprensivo della tua esperienza e più attento alle persone che ti circondano. Ti permetterà anche di essere più paziente e non giudicante se fai dei passi falsi. Quando pratichi la mindfulness, puoi rimodellare il tuo cervello per diventare più gentile e compassionevole.

Come la Mindfulness può rimodellare il tuo cervello

In passato, la gente credeva che il cervello umano potesse essere sviluppato solo ad un certo livello, di solito dalla prima infanzia all'adolescenza. Ma vari studi rivelano che il nostro cervello ha la capacità di riorganizzarsi attraverso la formazione di connessioni neurali. Questo è noto come neuroplasticità e non ha praticamente nessun limite.

I neuroscienziati hanno frantumato la vecchia

credenza che il cervello umano sia un organo immutabile e statico. Hanno scoperto che nonostante l'età, le malattie o le lesioni, il cervello umano può compensare qualsiasi danno ristrutturandosi. In parole povere, il nostro cervello è capace di ripararsi da solo.

Altri studi sostengono anche l'idea che la mindfulness può aiutare significativamente lo sviluppo del cervello. In particolare aiuta nel processo di neuroplasticità. È davvero sorprendente sapere che possiamo cambiare le nostre emozioni, sentimenti e processi di pensiero attraverso la neuroplasticità e la mindfulness.

Ci sono tre studi importanti che mostrano come la mindfulness può ricablare il cervello umano attraverso la neuroplasticità.

La mindfulness può migliorare la memoria, l'apprendimento e altre funzioni cognitive

Anche se la meditazione mindfulness è legata ad un senso di rilassamento fisico e di calma, i praticanti sostengono che la pratica può anche aiutare l'apprendimento e la memoria.

Sara Lazar, una professoressa della Harvard University Medical School è stata la pioniera di un programma di meditazione di 8 settimane che utilizza principalmente la mindfulness. Con il suo team di ricercatori del Massachusetts General Hospital, ha condotto il programma per esplorare la connessione tra mindfulness e il miglioramento delle funzioni cognitive.

Il programma era composto da sessioni settimanali di

meditazione e da registrazioni audio per i 16 volontari che praticavano la meditazione da soli. In media, i partecipanti hanno praticato la meditazione per circa 27 minuti. Il concetto alla base della meditazione mindfulness per la ricerca era il raggiungimento di uno stato mentale in cui i partecipanti sospendono il loro giudizio e si concentrano solo sulle sensazioni.

In seguito, il team ha utilizzato la risonanza magnetica (MRI) per catturare immagini della struttura del cervello dei partecipanti. Un gruppo di individui che non stavano meditando (il gruppo di controllo) è stato anche chiesto di fare la risonanza magnetica.

I ricercatori sono rimasti stupiti dal risultato. In primo luogo, i partecipanti allo studio hanno rivelato di aver sperimentato significativi vantaggi cognitivi che sono stati dimostrati nelle loro risposte nel sondaggio di mindfulness. Oltre a questo, i ricercatori hanno anche notato differenze fisiche misurabili nella densità della materia grigia, come supportato dalla risonanza magnetica.

- La densità della materia grigia nell'amigdala, l'area del cervello responsabile dello stress e dell'ansia, era diminuita.
- Ci sono stati cambiamenti significativi nelle aree cerebrali responsabili della consapevolezza di sé, dell'introspezione e della compassione.
- La densità di materia grigia nell'ippocampo, la parte del cervello responsabile della memoria e dell'apprendimento, è aumentata.

Questo studio di Harvard rivela che la neuroplasticità del cervello, e attraverso la pratica della meditazione, possiamo giocare un ruolo attivo nello sviluppo del nostro cervello. È emozionante sapere che possiamo fare qualcosa ogni giorno per migliorare la qualità della nostra vita e il nostro benessere generale.

La Mindfulness può aiutare a combattere la depressione

Milioni di persone in tutto il mondo soffrono di depressione. Per esempio, negli Stati Uniti, ci sono circa 19 milioni di persone che cercano farmaci per combattere la depressione. Questo è circa il 10% di tutta la popolazione statunitense.

Il dottor Zindel Segal, professore di psichiatria all'Università di Toronto, ha utilizzato una borsa di ricerca della Fondazione MacArthur per esplorare i vantaggi della mindfulness per alleviare la depressione. La ricerca che era principalmente focalizzata sulla somministrazione di sessioni di Mindfulness Based Stress Reduction è stata considerata un successo che ha condotto una ricerca di follow up per studiare l'efficacia della meditazione mindfulness ai pazienti afflitti da depressione. Questo ha portato alla creazione della Mindfulness Based Cognitive Therapy o MBCT.

Lo studio ha coinvolto pazienti che soffrono di depressione, con 8 su 10 che sperimentano almeno tre episodi di depressione. Nel frattempo, circa il 30% dei partecipanti allo studio che hanno sperimentato almeno tre episodi di depressione non ha avuto ricadute per più di un anno rispetto a coloro che hanno seguito una terapia prescritta (principalmente attraverso antidepressivi).

Il risultato è stato stupefacente che è diventato un precursore di diverse ricerche sponsorizzate dall'Università di Oxford e Cambridge nel Regno Unito, con entrambi gli studi che hanno generato risultati simili. La ricerca si è dimostrata significativamente preziosa nell'uso della meditazione mindfulness come un'alternativa efficace e più sana ai farmaci nel Regno Unito, che ha convinto i professionisti della salute mentale a prescrivere la meditazione mindfulness ai loro pazienti.

La meditazione di consapevolezza e gli studi di ricerca sulla MBCT stanno gradualmente prendendo piede nei circoli medici e scientifici negli Stati Uniti e in altre parti del mondo.

La Mindfulness può aiutare ad alleviare lo stress

Uno studio condotto alla Carnegie Mellon University ha rivelato che la pratica della mindfulness, anche per 25 minuti al giorno, può alleviare lo stress. Lo studio, condotto dal Prof. David Creswell, ha coinvolto 66 partecipanti di età compresa tra i 18 e i 30 anni.

A un gruppo di soggetti dello studio è stato chiesto di sottoporsi a una breve sessione di meditazione composta da 25 minuti di mindfulness per tre giorni. A questo gruppo è stato chiesto di fare alcuni esercizi che sono stati progettati per farli concentrare sulla respirazione mentre rivolgono la loro attenzione al momento presente. Il secondo gruppo ha usato lo stesso tempo per valutare le letture di poesie per migliorare le loro capacità di problem-solving.

Durante la fase di valutazione, a tutti i partecipanti allo studio è stato chiesto di completare compiti di matematica e di parola di fronte a valutatori a cui è stato chiesto di guardare severamente. Tutti i partecipanti hanno riferito che i loro livelli di stress sono aumentati e sono stati chiesti campioni di saliva per misurare i livelli di cortisolo, l'ormone dello stress.

Il gruppo a cui è stato chiesto di praticare la meditazione mindfulness per almeno 25 minuti per tre giorni ha riportato meno stress dal compito fornito, dimostrando che praticare mindfulness anche a breve termine potrebbe aumentare la capacità del corpo di gestire lo stress.

È interessante notare che lo stesso gruppo ha mostrato livelli più alti dell'ormone dello stress, che non era previsto dai ricercatori.

La ricerca ha concluso che quando i partecipanti imparano la meditazione mindfulness, devono lavorare attivamente sul processo - in particolare in una situazione stressante. Il compito cognitivo può sentirsi meno stressante per l'individuo, nonostante il livello di cortisolo elevato.

Il team si sta ora concentrando sull'automazione delle sessioni di mindfulness per renderlo meno stressante, riducendo i livelli di cortisolo. Ma è chiaro che anche nelle fasi iniziali, una pratica a breve termine della meditazione può mostrare molto per alleviare lo stress.

Altri benefici della Mindfulness

A parte i benefici descritti sopra, la meditazione mindfulness fornisce grandi benefici per la nostra salute emotiva, mentale e fisica.

Benefici emotivi

La mindfulness ci permette di essere più compassionevoli. Coloro che praticano la meditazione mindfulness mostrano cambiamenti in specifiche aree del cervello che sono associate all'empatia.

La meditazione mindfulness diminuisce la nostra reattività alle nostre emozioni. Uno studio condotto nel Massachusetts General Hospital rivela che la mindfulness riduce la dimensione dell'amigdala, che è responsabile della paura, dell'ansia e dell'aggressività.

La meditazione mindfulness può aiutarci ad evitare i pensieri negativi, a cui il nostro cervello ricorre di solito una volta che sono lasciati da soli.

Nel 2007, è stato condotto uno studio tra gli studenti a cui sono state insegnate strategie di meditazione. Ha rivelato che la mindfulness ha aiutato gli studenti ad aumentare la loro concentrazione e a diminuire i dubbi, l'ansia e la depressione. C'è stata anche una notevole diminuzione delle sospensioni e dell'assenteismo nelle scuole dove le sessioni di mindfulness sono incoraggiate.

La mindfulness è ora usata anche per alleviare i sintomi dell'ansia e della depressione. Molti psicoterapeuti stanno ora prescrivendo la meditazione mindfulness per i loro pazienti che soffrono di episodi depressivi.

Benefici per la salute mentale

Uno studio pubblicato nel Journal of Psychological Science rivela che gli studenti che hanno praticato la meditazione prima di sostenere un esame hanno ottenuto risultati migliori rispetto agli studenti che non l'hanno fatto. Lo studio ha scoperto un legame tra la mindfulness e una migliore funzione cognitiva.

La mindfulness aumenta l'attività del cingolo anteriore, che è una parte del cervello responsabile della memoria, dell'apprendimento e della regolazione delle emozioni. Aumenta anche l'attività nella corteccia prefrontale che è responsabile del giudizio e della pianificazione.

La mindfulness è collegata a una migliore concentrazione e a una maggiore capacità di attenzione.

La meditazione Mindfulness aumenta anche le connessioni neurali del cervello ed è stato dimostrato che fortifica la mielina, che è il tessuto protettivo che circonda i neuroni responsabili della trasmissione dei segnali nel cervello.

Benefici fisici

La respirazione profonda può disattivare il nostro

sistema nervoso simpatico che è responsabile della nostra risposta di lotta o fuga. Attiva anche il sistema nervoso parasimpatico che è responsabile della nostra modalità di riposo e digestione.

La mindfulness diminuisce il livello di cortisolo del corpo. Questo ormone dello stress aumenta i livelli di stress e favorisce l'ipertensione.

In uno studio, i partecipanti che hanno praticato la meditazione mindfulness hanno ridotto il loro rischio di infarto per più di cinque anni e hanno anche ridotto la loro pressione sanguigna.

La mindfulness permette alla nostra mente di essere consapevole di ciò che mangiamo, ed è stata usata per programmi di perdita di peso.

La mindfulness è anche responsabile dell'aumento della telomerasi, che si crede aiuti a diminuire il danno cellulare. È stato dimostrato che la meditazione Mindfulness aumenta la produzione di anticorpi che combattono il virus dell'influenza. Questo dimostra che la meditazione può aiutarci a rafforzare il nostro sistema immunitario.

Cosa significa veramente Mindfulness?

Mindfulness significa essere consapevoli delle cose che accadono proprio in questo momento sia nell'ambiente circostante che in noi stessi - i nostri pensieri, le nostre emozioni, le nostre sensazioni fisiche e i nostri comportamenti. Lo scopo di questa consapevolezza è di evitare che siamo controllati da questi eventi. Questa consapevolezza deve anche essere non giudicante e di passaggio, cioè, ci concentriamo solo sui fatti e li accettiamo, evitando le nostre valutazioni o opinioni, e poi li lasciamo andare.

Supponiamo che il tuo capo ti abbia criticato severamente sul lavoro che hai fatto. Sai che non te lo meriti - sia la critica che il modo in cui è stata fatta, e quindi ti arrabbi molto.

Tuttavia, invece di lasciare che le tue emozioni dettino la tua risposta, fai un passo indietro e pensa con attenzione alla situazione, e dì a te stesso qualcosa del genere: "Il mio capo è molto sotto pressione in questo momento, irritabile e facilmente irritabile. La sua critica nei miei confronti è stata ingiusta. Non me lo meritavo, e così mi sono infuriato". E poi vai avanti.

I tre stati d'animo

Ci sono diverse abilità di psicoterapia associate alla mindfulness, e l'esempio di cui sopra è solo una delle loro applicazioni. Chi sta imparando queste abilità si sottopone ad esercizi, come la meditazione e il mindful walking. Ma da questo solo esempio possiamo ora facilmente capire e apprezzare i benefici della mindfulness.

Esiste quella che viene chiamata la Mente Saggia, che è uno dei tre stati della nostra mente. È l'equilibrio tra la nostra Mente Ragionevole (quando agiamo e ci comportiamo basandoci esclusivamente su fatti e ragione) e la Mente Emotiva (quando i nostri pensieri e le nostre azioni sono dettati dai nostri sentimenti). Quando usiamo la nostra Mente Saggia - la saggezza in ognuno di noi - riconosciamo e riconosciamo i nostri sentimenti, ma rispondiamo ad essi razionalmente.

La Mente Saggia, o la pratica di usare la nostra saggezza, è in realtà la prima delle abilità di mindfulness. Come illustrato sopra, la mindfulness ci aiuta a gestire e controllare bene noi stessi, specialmente in situazioni improvvise ed emotivamente intense, dove è più probabile che reagiamo con la nostra mente emotiva. Questo beneficio da solo ha molte conseguenze positive a lungo termine - migliori relazioni, migliore autostima e migliore rispetto di sé, migliori risposte alle crisi inaspettate, e meno sintomi di ansia e depressione.

Ancora più importante, con l'essere consapevoli, si arriva anche a sperimentare la vita più pienamente.

Le abilità di mindfulness allenano anche la nostra mente, e così otteniamo i benefici aggiunti di una migliore memoria, una concentrazione più nitida e un'elaborazione mentale più veloce. Anche la nostra ansia si riduce e otteniamo un maggiore controllo dei nostri pensieri.

Abilità di base di Mindfulness

E quindi, quali sono esattamente queste abilità di mindfulness? Sono divise in tre gruppi: Mente Saggia, le abilità "cosa" e le abilità "come".

Mente saggia

Come spiegato sopra, questo è lo stato intermedio tra la nostra Mente Ragionevole e la Mente Emotiva, dove riconosciamo sia la nostra ragione che le nostre emozioni, e agiamo di conseguenza.

Le abilità "Cosa"

Queste abilità sono in risposta alla domanda: "Quali sono le cose da fare per praticare la mindfulness?" Le risposte sono (1) osservare, (2) descrivere e (3) partecipare.

Osservare

Osservare non è altro che sperimentare ed essere consapevoli di ciò che ci circonda, dei nostri pensieri, dei nostri sentimenti e delle sensazioni che riceviamo. Si tratta di fare un passo indietro e guardare noi stessi, soprattutto per riorientare quando siamo troppo preoccupati dei nostri problemi.

Descrivere

Descrivere è mettere parole sulle nostre esperienze attuali - riconoscendo ciò che sentiamo, pensiamo o facciamo - e usando solo i fatti per farlo, senza le nostre opinioni. Per esempio, diciamo a noi stessi: "Il mio stomaco ha fame" o "Sto pensando a mia madre". Fare questo diminuisce la distrazione e aiuta la nostra concentrazione.

Partecipare

Partecipare è darsi completamente a ciò che stiamo facendo in quel momento (mangiare, parlare o sentirsi soddisfatti). Ci dimentichiamo in esso e agiamo spontaneamente.

Le abilità "Come"

Queste abilità, invece, rispondono alla domanda: "Come praticherai la mindfulness?" Le risposte sono: (1) senza giudizio, (2) con attenzione, e (3) efficacemente.

Senza giudizio. Un atteggiamento non giudicante è vedere solo i fatti senza valutare, e senza opinioni personali. Accettiamo ogni momento così com'è, comprese le nostre circostanze e ciò che vediamo in noi stessi: i nostri pensieri, i nostri sentimenti, i nostri valori, ecc.

Uno-mente. Praticare la mindfulness con un solo pensiero significa fare solo una cosa alla volta, e darle tutta la nostra attenzione - che sia ballare, camminare, sedersi, parlare, pensare. Si tratta di mantenere la nostra attenzione e aumentare la nostra concentrazione.

In modo efficace. Praticare la mindfulness in modo efficace significa mantenere i nostri obiettivi nella nostra mente, e fare ciò che è necessario per realizzarli. Facciamo del nostro meglio, e non lasciamo che le nostre emozioni si mettano in mezzo.

Queste abilità di mindfulness di base sono centrali nella Terapia Dialettica del Comportamento, e sostengono tutte le altre abilità. Sono chiamate abilità di mindfulness "di base" perché ci sono alcune altre abilità o prospettive sulla mindfulness che sono meno comunemente praticate. Non ne parleremo più, ma tra queste altre prospettive ce n'è una presa da un punto di vista spirituale, pensata per coloro che hanno bisogno di ulteriore aiuto nella mindfulness alla luce della loro spiritualità.

Esercizi di mindfulness

Ora che conosciamo le abilità, è il momento di applicarle agli esercizi in modo da poterle vedere in azione. Quelli che seguono sono alcuni esercizi di mindfulness, un piccolo campione dalla ricchezza di esercizi che sono già stati sviluppati per la DBT.

Meditazione

Osservare il momento presente - in modo non giudicante - è lo scopo della meditazione.

Per praticare la meditazione, trova un posto tranquillo dove non sarai disturbato. L'obiettivo è una meditazione quotidiana di almeno 30 minuti. Per i principianti, si consigliano 10 minuti.

Siediti su una sedia o su un cuscino sul pavimento. Siediti con la schiena comodamente dritta, con le braccia sui fianchi e i palmi delle mani sulla parte superiore delle cosce.

Poi porta la tua attenzione al tuo respiro - presta molta attenzione alla tua inspirazione, espirazione e ai suoni che fanno. Prova a fare questo per tutta la durata. Il tuo respiro è ciò che stai usando per metterti a terra in questo momento presente.

Tuttavia, la tua mente vagherà presto, e questo va bene. Riconosci semplicemente i tuoi pensieri senza giudicarli, e poi riporta la tua attenzione al tuo respiro.

Potresti anche sperimentare delle sensazioni di disagio mentre mediti, e anche questo va bene. Di nuovo, riconosci semplicemente i tuoi sentimenti senza giudicarli, e poi riporta la tua attenzione al tuo respiro.

Fai questo, ancora e ancora, sempre tornando al tuo respiro ogni volta che sei distratto fino a quando il tempo è finito.

Camminare consapevolmente

Camminare con consapevolezza è semplicemente praticare la consapevolezza mentre si cammina, per osservare il proprio corpo fisico e l'ambiente circostante.

Per prima cosa, prendi nota di come il tuo corpo si muove e di come si sente mentre fai i tuoi passi. Nota la pressione sui tuoi piedi e i dolori nelle tue articolazioni, se ce ne sono. Noti l'aumento della frequenza del tuo battito cardiaco.

Poi, espandi la tua consapevolezza a ciò che ti circonda. Cosa vedi? Cosa senti? Che cosa odori? Senti il vento o il calore del sole sulla tua pelle?

Cinque sensi

Si tratta di usare i tuoi cinque sensi per osservare il tuo momento presente. Nota almeno una cosa che vedi, o senti, o senti, o odori, o gusti.

Respirazione consapevole

Puoi fare questo esercizio di consapevolezza da seduto o in piedi. Se il tempo e il luogo ti permettono di sederti in posizione di loto, fallo, altrimenti non c'è problema. Devi solo assicurarti di essere concentrato sul tuo respiro per almeno 60 secondi.

Comincia inspirando ed espirando lentamente. Un ciclo di respirazione deve durare circa sei secondi.

Ricordati di inspirare dal naso ed espirare dalla bocca. Permettere al tuo respiro di fluire senza alcuna lotta.

Mentre fai questo esercizio, dovresti assicurarti di poter lasciare andare i tuoi pensieri. Inoltre, impara a lasciare andare le cose che devi completare oggi o i progetti in sospeso che richiedono la tua attenzione. Lascia che i tuoi pensieri fluiscano per conto loro e concentrati sul tuo respiro.

Sii consapevole del tuo respiro, concentrando la tua coscienza mentre l'aria entra nel tuo corpo e dà la vita.

Ascolto consapevole

Questo esercizio di mindfulness ha lo scopo di sviluppare il nostro senso dell'udito in modo non giudicante. Questo è anche efficace per allenare il nostro cervello ad essere meno distratto dagli effetti dei preconcetti e delle esperienze precedenti.

La maggior parte di ciò che sentiamo è influenzata dalle nostre esperienze precedenti. Per esempio, odiamo una specifica canzone perché scatena brutti ricordi o un altro momento della nostra vita in cui ci siamo sentiti veramente male.

L'ascolto consapevole è progettato per permetterti di ascoltare suoni e musica neutrali, con una coscienza presente che non è bloccata da alcun preconcetto.

Scegli una musica o una colonna sonora che non ti è molto familiare. Forse, hai qualcosa nella tua playlist che non hai mai ascoltato, o puoi scegliere di accendere la radio per trovare una musica che puoi ascoltare. Chiudi gli occhi e inserisci gli auricolari.

L'obiettivo è quello di sospendere il tuo giudizio su qualsiasi musica che senti - il suo genere, artista o titolo. Piuttosto, non avere pregiudizi sull'etichetta e cerca di seguire il flusso della musica per tutto il tempo.

Lasciati scoprire la musica, nonostante il fatto che possa non piacerti all'inizio. Lascia andare il tuo giudizio e permetti alla tua coscienza di essere con il suono.

Naviga le onde sonore discernendo la vibrazione di ogni strumento musicale usato nella musica. Prova a separare ogni suono nella tua mente e valutalo.

Sii anche consapevole della voce - il suo tono e la sua gamma. Se la musica ha diverse voci, prova a separarle come hai fatto con lo strumento musicale.

L'obiettivo qui è quello di ascoltare mentalmente, di diventare completamente intrecciato con la musica senza alcun giudizio o preconcetto della musica, del genere o dell'artista. Questo esercizio richiede di ascoltare e non di pensare.

Osservazione consapevole

Questo esercizio di mindfulness è uno dei più facili da fare ma anche tra i più potenti perché ti permetterà di apprezzare gli aspetti più semplici di ciò che ti circonda.

Ha lo scopo di riconnetterci con la bellezza del nostro ambiente, che è qualcosa che spesso ignoriamo quando stiamo guidando al lavoro o anche camminando nel parco.

- Seleziona un oggetto naturale su cui puoi concentrarti facilmente per un paio di minuti. Può essere la luna, le nuvole, un insetto o un albero.
- Cerca di non fare nulla tranne che osservare la cosa su cui hai scelto di concentrarti. Rilassati e cerca di concentrarti sull'oggetto per quanto la tua mente te lo permette.
- Guarda l'oggetto e cerca di osservare i suoi aspetti visivi. Lascia che la tua coscienza sia consumata dalla presenza dell'oggetto.
- Lascia che tu sia connesso con lo scopo e l'energia dell'oggetto all'interno dell'ambiente naturale.

Consapevolezza cosciente

Questo esercizio di consapevolezza ha lo scopo di sviluppare la nostra coscienza elevata e l'apprezzamento di semplici compiti quotidiani così come i risultati che ottengono. Considera qualcosa che fai ogni giorno e che di solito dai per scontato, come lavarti i denti, per esempio.

Dal momento in cui prendi lo spazzolino, fermati per qualche istante e sii consapevoli della tua presenza, dei tuoi sentimenti in quel momento e di ciò che quell'azione sta facendo per te.

Allo stesso modo, quando apri la porta prima di uscire e affrontare il mondo, prenditi qualche momento per essere fermo e apprezzare il design della tua porta d'accesso al resto del mondo.

Tuttavia, queste cose non devono necessariamente essere fisiche. Per esempio, ogni volta che si sente la tristezza, si può scegliere di prendere alcuni momenti per fermarsi, identificare il pensiero come dannoso, accettare il fatto che gli esseri umani diventano tristi, e poi andare avanti - lasciare andare la negatività.

Può anche essere qualcosa di molto piccolo, come ogni volta che si vede un fiore sulla strada per il lavoro, prendere il momento di fermarsi e apprezzare quanto si è fortunati a vedere una tale delizia visiva.

Seleziona un punto di contatto che risuoni davvero con te oggi e piuttosto che passare attraverso i tuoi compiti quotidiani come un robot, prenditi qualche momento per fare un passo indietro e sviluppare una coscienza propositiva di ciò che stai facendo e dei doni che queste azioni genereranno nella tua vita.

Apprezzamento consapevole

In questo esercizio di consapevolezza, osserverai cinque cose nella tua giornata che spesso ignori. Queste cose potrebbero essere persone, eventi o oggetti. Questo è davvero a tua scelta. Entro la fine della giornata, scrivi la lista delle cinque cose che hai notato durante il giorno.

L'obiettivo di questo esercizio è fondamentalmente quello di mostrare la tua gratitudine e apprezzamento per le cose che possono sembrare insignificanti nella vita - le cose che giocano anche il loro ruolo nella nostra esistenza umana, ma che spesso ignoriamo perché ci concentriamo troppo sulle cose "più grandi e più importanti" della vita. Ci sono così tante di queste piccole cose che notiamo a malapena. C'è l'acqua pulita che nutre il tuo corpo, il tassista che ti porta al tuo posto di lavoro, il tuo computer che ti permette di essere produttivo, la tua lingua che ti permette di assaporare quel delizioso pranzo che hai fatto.

Tuttavia, hai mai preso solo qualche momento per fermarti e pensare alla tua connessione con queste cose e a come giocano un ruolo nella tua vita?

- Hai mai fatto un passo indietro e osservato i loro dettagli più intricati e sottili?
- Ti sei mai chiesto cosa sarebbe la tua vita se queste cose non fossero presenti?
- Hai mai apprezzato adeguatamente il modo in cui queste cose ti forniscono un vantaggio nella tua vita e nelle persone a cui tieni?

- Sai davvero come funzionano queste cose o come sono nate?

Dopo aver identificato queste cinque cose, cerca di sapere tutto quello che puoi sul loro scopo e sulla loro creazione. È così che puoi apprezzare veramente il modo in cui stanno sostenendo la tua vita.

Immersione consapevole

L'immersione mentale è un esercizio che vi aiuterà a sviluppare la soddisfazione nel momento presente e a lasciar andare la preoccupazione persistente su ciò che il futuro può portare.

Invece di desiderare ansiosamente di completare il nostro lavoro quotidiano in modo da poter passare alla prossima voce della lista, possiamo prendere il compito e sperimentarlo completamente. Per esempio, se devi lavare i piatti, concentrati sui dettagli specifici dell'attività. Invece di trattarlo come un comune lavoro domestico, puoi scegliere di sviluppare un'esperienza completamente nuova osservando da vicino ogni aspetto della tua azione.

Senti l'impeto dell'acqua quando lavi i piatti. È acqua fredda? È acqua calda? Come si sente l'acqua corrente sulle tue mani mentre lavi i piatti? Sii consapevole del movimento che usi nello strofinare via il grasso.

Il concetto è quello di essere creativi e trovare nuove esperienze per un compito che è abbastanza monotono e molto comune. Piuttosto che sforzarsi e pensare costantemente a completare il compito, sii consapevole di ogni passo e immergiti completamente nel processo. Scegli di portare il compito al di là della routine, allineandoti con esso mentalmente e fisicamente - e anche spiritualmente, se sei un tipo spirituale.

La consapevolezza è per tutti

Ora hai imparato cos'è la mindfulness, i suoi benefici, le abilità associate ad essa e gli esercizi per aumentare la tua. Ne avrai bisogno non solo nella CBT ma anche nella DBT e nell'ACT, come vedrai nei capitoli seguenti.

Senza dubbio, diventare più attenti e imparare queste abilità è molto utile e gratificante. Non è solo un'opzione di trattamento per coloro che sono afflitti da un disturbo mentale. Imparare ad agire saggiamente nonostante i nostri sentimenti irrazionali ed essere più attenti a noi stessi e alle cose che ci circondano, ci porterà sicuramente più felicità e soddisfazione in questa vita. Coltivare la nostra capacità di essere consapevoli di ogni momento della nostra vita è una pratica benefica che può aiutarci a gestire meglio i sentimenti e i pensieri negativi che possono causarci ansia e stress nella nostra vita.

Attraverso la pratica regolare degli esercizi di mindfulness, non soccomberai facilmente alle cattive abitudini e non sarai influenzato dalla paura del futuro e dalle esperienze negative del tuo passato. Potrai finalmente sviluppare la tua capacità di fissare la tua mente nel presente e gestire le sfide della vita in modo assertivo ma calmo.

Puoi a tua volta rimodellare il tuo cervello per sfruttare una mentalità completamente cosciente e libera dalla schiavitù dei modelli di pensiero autolimitanti che ti permetteranno di essere totalmente presente per concentrarti sulle emozioni positive che potrebbero migliorare la tua compassione e finalmente comprendere te stesso e le persone intorno a te.

CAPITOLO 13: CONSIGLI PER LA TERAPIA COGNITIVO-COMPORTAMENTALE

Questi preziosi consigli possono fungere da linee guida nella tua ricerca per controllare la tua vita.

1. Sii sempre positivo. Questa dovrebbe essere la tua parola d'ordine. Non hai tempo per essere negativo, perché se lo fai, tutto il tuo lavoro e le tue difficoltà non serviranno a niente. La CBT è ottimismo.

2. Fai religiosamente i tuoi compiti a casa. È così che puoi imparare le tue abilità, ed è così che puoi vincere le tue paure. Svolgi i tuoi compiti ogni giorno. Mentre li fai, ti stai anche esercitando. Pensalo come il tuo "eterno" compito a casa. Impara ad amarlo.

3. La ricaduta può avvenire. Quindi, devi continuare a realizzare i tuoi tavoli. Non solo impari a gestire la tua paura e la tua rabbia,

ma anche la tua personalità cambierà in meglio.

4. Esercitati a notare i comportamenti automatici negativi. Questo ti aiuterà ad evitare che i pensieri negativi entrino nella tua mente. La tua mente causa i tuoi comportamenti. Se pensi negativamente, agirai negativamente. Quindi, esercitati a buttare via i pensieri negativi all'inizio.

5. La CBT può essere difficile all'inizio. Tuttavia, man mano che ti eserciti e ti abitui al processo, sarai più a tuo agio. Inoltre, potrebbero non esserci cambiamenti visibili nella tua personalità per mesi. Ma, se persisti, ti trasformerai gradualmente in quella bella persona che sei.

6. La CBT non è per tutti. Le persone con gravi disturbi psicologici possono avere bisogno di farmaci e trattamenti psichiatrici. Quindi, se non funziona per te dopo diversi mesi, devi cercare un trattamento altrove.

7. Le abilità cognitive sono importanti. Dovresti sviluppare abilità cognitive, come il reframing, il pensiero positivo e attività simili perché la CBT abbia successo. Affina le tue abilità cognitive in modo da poter fare la CBT correttamente.

8. Leggere più materiali di auto-aiuto è incoraggiato. Dovresti leggere più materiali di auto-aiuto. Questi materiali possono aiutarti

nel tuo sforzo. Con le applicazioni online disponibili, puoi navigare online per raggiungere il tuo obiettivo. Ci sono anche interfacce informatiche interattive online per la CBT che puoi esplorare.

9. La CBT può prevenire il peggioramento delle condizioni dei pazienti ansiosi. Alcuni esperti hanno scoperto che i pazienti ansiosi hanno lentamente recuperato dalle loro malattie. La CBT aveva aiutato a curare i loro disturbi d'ansia. Questo è un fatto che gli esperti riconoscono. Abbi fede e fai i tuoi compiti.

10. Puoi trarre sostegno morale dalla tua famiglia. Se senti di aver bisogno di sostegno morale, puoi chiedere alla tua famiglia e ai tuoi amici di assisterti nella tua ricerca. Ricevere una pacca sulla spalla e un caldo abbraccio può fare miracoli per il tuo morale.

11. La CBT computerizzata o CCBT può trattare la depressione e l'ansia. Questo è un aggiornamento della CBT. Apparentemente, è utile quanto la CBT non computerizzata. Tuttavia, l'incontro da persona a persona è ancora il migliore.

12. Non arrendersi facilmente. Via avanti con determinazione anche quando le cose non vanno come vuoi tu. Ci possono essere momenti in cui ti sentirai scoraggiato durante la terapia perché nessuno ti sostiene e non stai migliorando. Questo è il momento in cui hai

più bisogno della CBT. Ora, applica ciò che hai imparato in questa particolare situazione.

13. L'autoconsapevolezza è una parte vitale della CBT. Se non sei consapevole di te stesso, non avrai successo nella CBT. Questo perché la CBT riguarda la conoscenza dei propri pensieri, sentimenti, azioni e comportamenti.

14. La registrazione è essenziale per la CBT. Se non registri o non scrivi i tuoi pensieri, sarebbe difficile monitorare i tuoi progressi e valutare i tuoi risultati. Quando hai qualcosa da registrare, indica anche che hai praticato la CBT. 15. Dopo un lavoro ben fatto, congratulati con te stesso. Sei riuscito nel tuo obiettivo grazie alla tua diligenza e dedizione. La CBT non può mai trionfare, se non hai fatto bene il tuo compito.

Congratulazioni!

CONCLUSIONI

Attraversare la vita con una malattia mentale non è sempre facile, che si tratti di un disturbo depressivo maggiore, di un disturbo d'ansia generale, di un disturbo d'ansia sociale, di un disturbo ossessivo-compulsivo o di uno qualsiasi di una serie di altri disturbi.

Con la terapia cognitivo-comportamentale, è possibile trasformare una vita dolorosa e tormentata in una vita gioiosa e soddisfacente. Non dovrai più limitarti a sopportare tutte le emozioni e le esperienze negative causate dal tuo disturbo, potrai trasformare la tua vita con alcune semplici tecniche e duro lavoro.

Gli studi hanno regolarmente dimostrato che la CBT è una delle opzioni di trattamento più efficaci sia per la depressione che per l'ansia, con i risultati più duraturi. I farmaci raramente sono sufficienti da soli per controllare questi disturbi, ma con l'aggiunta della CBT, puoi tenere sotto controllo la tua salute mentale e prevenire le ricadute.

Ora hai tutte le risposte di cui hai bisogno per riconquistare la tua salute mentale e prendere il controllo della tua vita. Puoi iniziare a goderti la vita, sorridere e ridere di nuovo, senza più avere pensieri deprimenti e ansiosi che controllano ogni tua mossa. Tutto quello che devi fare è iniziare.